WULF & PARTNER

FALK JAEGER

JOVIS

⌐PORTFOLIO⌐

WULF & PARTNER

FALK JAEGER

JOVIS

© 2007 by jovis Verlag GmbH I Das Copyright für die Texte liegt bei den Autoren. Das Copyright für die Abbildungen liegt bei den Fotografen/Inhabern der Bildrechte. Texts by kind permission of the authors. Pictures by kind permission of the photographers/holders of the picture rights. I Fotos Photographs: Archigraphie – Steffen Vogt, Stuttgart: 126/127 I Oliver Braitmaier, AOP-Luftbild: 61 I Zooey Braun, Stuttgart: 88/89, 104–107 I Brigida Gonzales: 32–38, 42/43, 134–144 I Roland Halbe, Stuttgart: 12, 15, 19, 21, 46–59, 62–77, 86/87, 91–94, 96, 98/99, 110–125 I Christian Kandzia, Stuttgart: 13, 20, 79–85, 102/103, 108/109 I Christian Richters, Münster: 97, 100/101 I Dietmar Strauß, Besigheim: Cover, 39–41 I Wulf & Partner, Stuttgart: alle Pläne all plans, 14, 18, 22/23, 128–133 I Alle Rechte vorbehalten. All rights reserved. I Übersetzung Translation: Christine Shuttleworth, London I Gestaltung und Satz Design and setting: Susanne Rösler, Berlin I Lithografie Lithography: LVD, Berlin I Druck und Bindung Printing and binding: GCC Grafisches Centrum Cuno, Calbe I Bibliografische Information der Deutschen Bibliothek Bibliographic information published by Die Deutsche Bibliothek Die Deutsche Bibliothek verzeichnet diese Publikation in der Deutschen Nationalbibliografie; detaillierte bibliografische Daten sind im Internet über http://dnb.ddb.de abrufbar. Die Deutsche Bibliothek lists this publication in the Deutsche Nationalbibliografie; detailed bibliographic data are available in the Internet at http://dnb.ddb.de

jovis Verlag I Kurfürstenstraße 15/16 I 10785 Berlin I www.jovis.de I ISBN 978-3-939633-55-6

INHALT
CONTENT

VORWORT
FOREWORD

Die Stuttgarter Architekten Wulf & Partner mit Tobias Wulf, Kai Bierich und Alexander Vohl, in Architektenkreisen bereits seit Längerem präsent, sind einer breiten Fachöffentlichkeit zuerst durch das mehrfach ausgezeichnete Adidas Factory Outlet in Herzogenaurach bekannt geworden. In die erste Reihe vorgerückt sind sie jedoch mit ihrem bislang anspruchsvollsten Projekt, der Neuen Messe Stuttgart, die lange Zeit als größte Baustelle der Republik gegolten hatte.

Fragt man nach den Besonderheiten ihrer Entwürfe, so wird man nicht auf Spektakuläres stoßen. Immerhin gelingen ihnen immer wieder zeichenhafte Bauten, die sich aus dem gebauten Einerlei herausheben, doch die Zeichenhaftigkeit ist nicht Ziel und Programm, sondern aus Wesen und Struktur der Aufgabe heraus entwickelt.

Ein wesentliches Merkmal ihrer Arbeit vom ersten Skizzenstrich bis zur Schlüsselübergabe ist das ideologiefreie, ganzheitliche Denken, mit dem die Aufgabe durchdrungen wird. Zwar haben auch sie eine architekturtheoretische Position, die man in der Fortführung der Moderne verorten kann, dort wo die primäre Orientierung an der Funktion, die Suche nach der logischen Struktur und erst nachrangig nach der wesenhaften Form gepflegt wird, also eher Aalto als Saarinen, eher Eiermann als Scharoun, eher Behnisch als Richard Meier, um es einmal mit berühmten Antipoden verschiedener Generationen der Moderne zu sagen. Sie fühlen sich gegen die permanenten Anfechtungen der wechselnden Architekturmoden gefeit und akzeptieren Regeln und Bindungen nur dann, wenn sie sich aus der Bauaufgabe heraus ergeben. Weil sie ihr Augenmerk nicht nur auf attraktive und gern zu fotografierende Fassaden richten, sondern sich für Funktionsabläufe und Bauphysik, für Konstruktionsweisen und Unterhaltsaufwand, für Ökologie, Energiemanagement

The Stuttgart architectural firm Wulf & Partner, and its partners Tobias Wulf, Kai Bierich and Alexander Vohl, have been a familiar name for some time in architectural circles, but became known to a wider professional public only with their Adidas factory outlet in Herzogenaurach, which has won several awards. However, it was with their most ambitious project so far, the trade fair centre Neue Messe Stuttgart, which was for a long time considered the largest building site in the republic, that they moved into the front ranks of their profession.

If one asks what is so special about their designs, one will not encounter anything spectacular. While they continually succeed in creating symbolic buildings which stand out from the general monotony, symbolism is not their aim and intention, but it develops out of the nature and structure of the task.

An essential characteristic of their work, from the first line of a sketch to the handing over of the keys, is the non-ideological, integrated thinking that pervades the project. Admittedly they too have a position in terms of architectural theory, which can be located in the continuing modernist tradition, where the primary orientation relates to function, the search for logical structure, and only secondarily for intrinsic form – so, Aalto rather than Saarinen, Eiermann rather than Scharoun, Behnisch rather than Richard Meier, to express it in terms of famous polar opposites from different generations of modernism. They feel immune to the permanent challenges of changing fashions in architecture and accept rules and links only when these arise out of the building task itself. Because they direct their attention not only to attractive, photogenic façades, but are also interested in functional processes and structural physics, construction methods and maintenance costs, in ecology, manage-

und Werthaltigkeit, aber natürlich auch für die Befindlichkeit von Bewohnern und Nutzern interessieren, weil sie auf all diesen (zuweilen im Widerstreit stehenden) Gebieten jeweils das Optimum zu erreichen suchen, ist das Ergebnis ihrer Arbeit nicht Baukunst um der Kunst willen, sondern ganzheitliche Architektur mit Gütesiegel. Von außerhalb der Landesgrenzen betrachtet, sind es genuin deutsche Tugenden, die das Büro auszeichnen und die am weltweit unbestrittenen Ruf deutscher Architektur ihren Anteil haben. Die durchgängige Qualität deutscher Bauausführung, für die schon James Stirling angesichts seiner Staatsgalerie in Stuttgart ins Schwärmen kam, das Image hiesiger Architekturbüros, das selbst in China Wettbewerbsvorteile verschafft, gründet auf diesen Tugenden. Doch auch die Zurückhaltung, mit der Wulf & Partner den allgegenwärtigen Trend zum Bauen in Nah- und Fernost beäugen, hängt mit dieser am vordergründigen Spektakel und am oberflächlichen Publikumserfolg nicht interessierten Haltung zusammen. Solange sich im eigenen Land genug Aufgaben stellen, deren Bewältigung volles Engagement lohnt, richtet man keine begehrlichen Blicke gen Osten. Gegen ein gelegentliches Bauvorhaben in Den Haag oder Paris hätte man natürlich nichts einzuwenden.

Ob ihren Bauten Wohnlichkeit oder Weltoffenheit, Sachlichkeit oder Dynamik als primäre Charaktereigenschaft zu eigen sein sollen, Wulf & Partner reagieren geschmeidig auf unterschiedliche, womöglich divergierende Anforderungen. Es gelingt ihnen mühelos, diese in ihre pragmatische Spielart der Moderne einzubinden, ohne deren nun schon historische Ideale aus den Augen zu verlieren. Alltagstaugliche, nachhaltige Architektur ist das eine, ausdrucksstarke, zeitbezogene Baukunst das andere. Tobias Wulf, Kai Bierich und Alexander Vohl bringen beides wie selbstverständlich zusammen.

ment of energy and intrinsic value, and of course in the sensitivities of residents and users, because in all these (sometimes conflicting) areas they always seek optimal results, their work produces not architecture for architecture's sake, but integrated architecture with a seal of approval.

Seen from outside national borders, the firm is distinguished by the genuinely German virtues that contribute to the universally unchallenged reputation of German architecture. The consistent quality of German building construction, about which James Stirling had already waxed lyrical in the context of his Staatsgalerie in Stuttgart, the image of German architectural firms, which acts in their favour in competitions even in China, is based on these virtues. But even the restraint with which Wulf & Partner observe the universal trend in building in the Middle and Far East is connected with their lack of interest in superficial display and success with the general public. As long as enough projects present themselves in their own country which reward total commitment, they are not tempted to turn a covetous eye towards the east. Of course, there would be no objection to the occasional building project in The Hague or Paris. Whether the primary characteristic of their buildings is to be liveability or cosmopolitanism, practicality or dynamism, Wulf & Partner react with flexibility to varying, possibly even diverging requirements. They succeed effortlessly in building these into their pragmatic version of modernism, without ever losing sight of its now already historic ideals. Everyday, durable architecture on the one hand, expressive, contemporary building on the other – Tobias Wulf, Kai Bierich and Alexander Vohl bring both together as a matter of course.

VON DER VERANTWORTUNG DES BAUENS
ON THE RESPONSIBILITY OF THE ARCHITECT

Die Zeit, in der Tobias Wulf, Kai Bierich und Alexander Vohl sich von ihren Lehrern und Arbeitgebern emanzipierten, als sie ihren eigenen Weg in die Zukunft suchten, ist für die Architektur keine ruhmreiche gewesen. Die Postmoderne war Mitte der 1980er Jahre auf dem flachen Land angekommen, doch in den Zentren der Architekturdebatten breitete sich das mulmige Gefühl aus: Das wird's wohl gewesen sein. 1987, just als Tobias Wulf sein Büro gründete, wurde in Berlin die IBA abgefeiert, die Internationale Bauausstellung. Sie galt, nach der Biennale 1980 in Venedig *La presenza del passato*, mit ihrem Feuerwerk an bunten, neohistoristischen Entwürfen und ihren architekturtheoretischen Manifesten als Praxistest der Postmoderne. Nirgendwo auf der Welt waren die Stars der Postmoderne derart vollständig vertreten, von Aldo Rossi bis Peter Eisenman, von Mario Botta bis Rob Krier. Manche Architekturdenker wie Peter Cook oder John Hejduk konnten in Berlin erstmals eigene Bauten realisieren. Doch das Spektakel war kaum durch den Blätterwald gerauscht, da wurde man der narrativen Geschwätzigkeit der „Architektur, die ihre Sprache wiedergefunden hatte" (Heinrich Klotz) schon überdrüssig. Am Potsdamer Platz – Berlin war nach wie vor der Brennpunkt architektonischer Ambitionen – hatte sich die Moderne mit Renzo Piano als Wortführer wieder durchgesetzt.

In Stuttgart, das die drei Protagonisten als berufliche Wirkungsstätte nie verlassen haben, hatte das Pendel nicht so weit ausgeschlagen. Zwar entstand hier James Stirlings heiß diskutierte Erweiterung der Staatsgalerie als ein Hauptwerk der Postmoderne in Deutschland, doch die Nachwirkungen blieben bescheiden. Mehr als eine neue Natursteinwelle und das eine oder andere Rundfenster bei nachfolgenden Bürobauten wurden im Ländle nicht verzeichnet. Dennoch, eine gewisse Verunsicherung hatte die Architekten ergriffen und vom rechten Weg der Moderne abgebracht. Der 45-Grad-Winkel und die Pultdächer, in der Kammerer-Schule an der TU Stuttgart allgegenwärtig, waren Ausdruck jener Unsicherheit und der Versuch, die doktrinäre Strenge der Moderne zu mildern.

Damals wie eigentlich seit Beginn der Moderne galt es, neue Freiheitsspielräume für Architektur und Städtebau zu erkämpfen, der Individualisierung Möglichkeiten zu eröffnen und sich der bedingungslosen Gestaltungsdiktion der heroischen Moderne durch ein erweitertes Verständnis von Modernität und einer für die Gegenwart ertüchtigten Moderne zu entwinden.

Einen Aus- oder Seitenweg bot der Kontextualismus, die Anpassung modern gedachter, konzipierter und gestalteter Architektur an die herrschende Umgebung, um auf diese Weise Akzeptanzprobleme abzufedern. Diesen Weg schlugen auch Wulf & Partner zunächst ein, als sie beschlossen hatten, sich auf der Ochsentour des Wettbewerbswesens eine eigene Position aufzubauen.

Der erste realisierte Wettbewerbsgewinn aus dem Jahr 1987, eine Altenwohnanlage im schwäbischen Mössingen, lässt in seiner Baukörpergliederung diese Methodik erkennen (▶108). Das im Grunde genommen zu umfang-

The time during which Tobias Wulf, Kai Bierich and Alexander Vohl were emancipating themselves from their teachers and clients in order to seek their own path into the future was not a glorious one for architecture. Postmodernism had arrived in the mid-1980s, but at the centre of debates on architecture an uneasy feeling began to spread that this had probably meant the end of things. In 1987, precisely at the time when Tobias Wulf was founding his firm, the IBA – the International Building Exhibition – was closing down. Next to the 1980 Venice Biennale, La presenza del passato, it was considered, with its pyrotechnics of colourful neo-historical designs and its manifestoes on architectural theory, a practical test of postmodernism. Nowhere else in the world were the stars of postmodernism so fully represented, from Aldo Rossi to Peter Eisenman, from Mario Botta to Rob Krier. Some architectural thinkers such as Peter Cook and John Hejduk were for the first time able to realize their own buildings in Berlin. But hardly had the murmurings in the press about the spectacle subsided than people were already becoming weary of the narrative talkativeness of the "architecture that had found its voice again" (Heinrich Klotz). At Potsdamer Platz – Berlin remained the focal point of architectural ambition – modernism had again asserted itself, with Renzo Piano as its spokesman.

In Stuttgart, which has never been abandoned as a professional base by the three protagonists, the pendulum had not swung so far. Certainly, this was where James Stirling's hotly discussed extension of the Staatsgalerie as a major work of postmodernism in Germany was created, but the after-effects remained modest. More than a new wave of natural stone and a round window here or there in subsequent office buildings have not been recorded in the area. Nevertheless, a certain insecurity had taken hold of the architects and drawn them away from the right path. The 45-degree angle and the pitched roofs that were ubiquitous in the Kammerer school at the Technical University were the expression of that insecurity and the attempt to moderate the severity of modernism.

At that time, as in fact it has been since the inception of modernism, it was a question of gaining new areas of free play for architecture and urban building, of opening up opportunities to individualization and of wresting oneself away from the unconditional design language of modernism through a broadened understanding of modernity and a modernism adapted to the needs of the present day.

A way out, or a by-path, was offered by contextualism, the adaptation to the prevailing environment of architecture imagined, conceived and designed in the modernist manner, in order to cushion oneself against problems of acceptance. This was the path initially taken by Wulf & Partner too, when they decided to build up a position of their own in the hard slog of the competition system.

In their first successful competition entry to be realized, in 1987, an old people's home in Mössingen, Swabia, this methodology is recognizable in its structure (▶108). The building programme, basically too comprehensive in

reiche Bauprogramm inmitten einer dörflichen Siedlungsstruktur gliedert sich in einzelne, fingerförmig ausgreifende Trakte, die entlang der Straßen und des Flüsschens Steinlach die Reihen einzeln stehender Bauernhäuser zitieren und scheinbar fortsetzen, um sich dann im Zentrum um eine gläserne Halle zu vereinen. Auch die (von der Baubehörde geforderten) ziegelgedeckten Pultdächer tragen ihren Teil dazu bei, dass sich die Anlage nahtlos einfügt.

Ähnliches gilt für das ebenfalls 1992 eröffnete Altenzentrum in Herbrechtingen (▸109). Auch hier wurde die Baumasse in Anlehnung an die vorgefundene Straßenabwicklung gegliedert und zeigt gegen die Straße und an der Rückseite gegen den Flusslauf der Brenz jeweils drei Giebelseiten. Zur weiteren Anpassung an die Siedlungsstruktur wird auch hier die Orthogonalität des Grundrisses verlassen. Die Pultdächer bleiben jedoch sehr flach und sind mit durchaus ortsunüblichem Zinkblech gedeckt.

Und noch ein Aspekt lässt sich am Projekt Herbrechtingen gut ablesen. Kai Bierich und Alexander Vohl wurden durch ihre Arbeit im Büro Behnisch & Partner sowie durch das Studium bei Behnisch an der Technischen Universität Darmstadt geprägt. Tobias Wulf arbeitete nach dem Studium bei den ehemaligen Behnisch-Partnern Auer + Weber. Die Darmstädter Schule, neben der Stuttgarter Schule vielleicht noch einflussreicher im Land, hat ab Mitte der 1960er Jahre eine eigene, südwestdeutsche Architektur hervorgebracht, die für viele Architekten konsensfähig war. Diese Richtung ist geprägt durch Leichtigkeit und Transparenz. Durch die Abwesenheit von Massivität und Pathos bringt sie stattdessen eine Heiterkeit zum Ausdruck, die auch durch die Verwendung heller, oft pastelliger Farben unterstützt wird. Diese Unbeschwertheit geht einher mit einer gewissen Nonchalance bei der konstruktiven

und bautechnischen Durcharbeitung, was hin und wieder manche Detaillierung fast nachlässig und wie vor Ort „gebastelt" erscheinen lässt. Architektur aus der südwestdeutschen Schule ist schon im Planungsstadium an der lockeren Linienführung und dem Mangel an Akkuratesse der Architekturzeichnungen zu erkennen.

Herbrechtingen zeigt viel von dieser Haltung, die gläsernen Fassaden mit feiner Lineatur der Sprossen, die durchbrochenen Stahlträger, die farbenfrohen Markisen, die filigranen Stahlgeländer mit hölzernem Handlauf, die Lochblechbrüstungen, die hellen Blautöne als Farbe für die Brüstungsfelder. Doch das Altenzentrum verrät auch den undogmatischen Umgang mit dieser Architektursprache, nämlich durch die Kombination mit rationalistischen Elementen, geschlossenen Wänden, Putzfassaden und sogar einigen Giebeln mit Piloti (den Rundstützen Le Corbusiers zur Aufständerung im Erdgeschoss) und „Bauhaus-Balkon".

Das Spannungsfeld zwischen rationalistisch-moderner Architektur und süddeutscher Schule bestimmte weiterhin die Entwurfsstrategien des Büros. 1994 wurde das Verwaltungs- und Betriebsgebäude der Stadtwerke Ettlingen (▸78) eingeweiht, eine additive Anlage mit typologisch korrekt ausformulierten Einzelbauteilen, die durch verbindende Elemente miteinander in Bezug gesetzt sind, durch ein Grünhaus zwischen dem Bürotrakt und den Werkstätten und eine geschwungene Mauer zwischen Kraftfahrzeughalle und Foyer. Die dynamische Mauer strukturiert gleichzeitig den Vorplatz und geleitet die Besucher vom Parkplatz zum Haupteingang. Auch die Kantine präsentiert sich als eigenständiger Typus. Ihr Rundbau schließt sich seitlich an den langen Riegel an, eine Figuration, die seinerzeit nicht selten eingesetzt wurde. Das Grünhaus als raumklimatischer Puffer und zur thermischen Ausnutzung solarer Einstrahlung verweist be-

the midst of the village settlement, involves a structure of individual tracts, projecting in finger-like shapes, which echo the rows of individual farmhouses along the roads and the little Steinlach river, and seem to continue them, only to unite in the centre around a glass hall. The tiled pitched roofs (demanded by the building authorities) also play their part in ensuring the seamless insertion of the complex into its surroundings.

A similar comment applies to the old people's centre in Herbrechtingen, also opened in 1992 (▶109). Here too the building was structured in allusion to the existing roads, with three gabled sides visible on the street, and at the back facing the course of the river Brenz. In a further adaptation to the structure of the settlement, in this case the orthogonality of the ground plan is also abandoned. The pitched roofs, however, remain very low and are covered with sheet zinc, very untypical of the area.

And one other aspect can easily be read from the Herbrechtingen project. Kai Bierich and Alexander Vohl were moulded by their work in the office of Behnisch & Partner, as well as by their studies with Behnisch at the Darmstadt Technical University. Tobias Wulf, after completing his studies, worked with Behnisch's former partners, Auer + Weber. The Darmstadt school, next to the Stuttgart school perhaps even more influential in the area, has since the mid-1960s produced a south-west German architecture of its own, which has been acceptable to many architects. This movement is characterized by lightness and transparency. In place of massivity and emotional tone it expresses a cheerfulness which is also supported by the use of light, often pastel colours. This carefree quality is accompanied by a certain nonchalance in the structural and technological execution, which now and again allows some of the detail to appear almost negligent and as though home-made on the spot. The architecture of the south-western school is to be recognized even at the planning stage by its loose line-work and the apparent lack of accuracy of the architectural drawings.

Herbrechtingen manifests much of this attitude, with its glass façades with fine delineation of the glazing bars, interrupted steel supports, colourful awnings, filigree steel banisters with wooden handrails, parapets of perforated metal plate, the light blue colouring of the parapet fields. But this old people's centre also reveals the undogmatic treatment of this architectural language, through its combination with rationalistic elements, closed walls, decorative façades and even some gables with pilotis (Le Corbusier's round supports at ground floor level) and 'Bauhaus balconies'.

The field of tension between rationalistic/ modernist architecture and the south German school further determined the firm's design strategies. In 1994 the administration and trading building of the Ettlingen municipal utilities was officially opened (▶78), an additive complex with individual building components formulated with typological correctness, and placed in relation to each other by linking elements, by means of a greenhouse between the office area and the workshops and a curved wall between the car park and the foyer. The dynamic wall at the same time structures the forecourt and leads visitors from the car park to the main entrance. The canteen too has an independent style of its own. This circular structure adjoins the long block at the side, a configuration which at that time was often employed. The greenhouse, as a climatic space buffer which also makes thermal use of solar power, is already an indication of the firm's ecological orientation.

Seen as a design object, the house exemplifies a tendency towards delicacy and elegance. The proportions of the building ele-

reits auf die später noch intensivierte ökologische Orientierung des Büros.

Als Designobjekt gesehen, lässt das Haus eine Hinwendung zur Feingliedrigkeit und Eleganz erkennen. Die Proportionen der Bauglieder und die Kompositionen spielen eine größere Rolle als bisher, ein emanzipatorischer Schritt weg von der Nonchalance, hin zur edleren, beherrschteren Moderne. Man hat sich Eiermann angesehen. Architekturtheoretisch betrachtet, machten sich die Architekten den 1955 durch Colin Rowe und Robert Slutzky von der Malerei auf die Architektur übertragenen Transparenzbegriff zu eigen, der durch Schichtungen so-

Internatzimmer zu ergänzen. Wieder konzipierten die Architekten ein Ensemble aus funktional klar definierten Baukörpern: Bettenhäuser, ein runder Speisesaal, Tagungsräume und die wie ein Rückgrat alle Bauteile verbindende Erschließungsspange. Die Fassaden mit Holzfenstern und -brüstungen sowie einem vorgelagerten feinen, stählernen Gespinst aus Laubengängen und Sonnenschutz zeigen eine noch stärkere Orientierung an Eiermann.

Die Verschränkung von innen und außen, die konsequente Ausrichtung der Räume zur umgebenden Natur, das Innere transparent, fast immateriell – eine Spielart der Architektur, die

STÄDTISCHES GYMNASIUM ROTTENBURG, OSTANSICHT UND HALLE CITY GRAMMAR SCHOOL, ROTTENBURG, VIEW TO THE EAST AND HALL
SENIORENZENTRUM SCHWALBACH, TREPPENHAUS OLD PEOPLE'S CENTRE, SCHWALBACH, STAIRWELL

wie Überlagerungen von wirklicher und scheinbarer Transparenz und mehrdeutige räumliche Zusammenhänge gekennzeichnet ist. Die theatralisch vorschießende Längswand, die durch Schichtablösung „entkleidet" ist, und die mehrschichtigen Wand- und Fassadenaufbauten im Inneren illustrieren dieses Prinzip.

Mit Ettlingen eng verwandt, wenngleich drei Jahre später entstanden, ist der Entwurf für das Bildungszentrum der Krankenkasse AOK Baden-Württemberg in Pfedelbach-Untersteinbach (▶82). Hier waren bestehende Gebäude aus den 1960er Jahren um Seminarräume und

gezähmte, disziplinierte Südwest-Moderne, ist hier zur Perfektion gebracht.

Diese Architektursprache vor Augen, wird man beim Besuch der anschließenden Bauten des Büros Wulf & Partner, etwa dem 1997 entstandenen Katholischen Freien Gymnasium St. Meinrad in Rottenburg am Neckar (▶102), einen Individualstil des Büros wiedererkennen, der sich aus Materialwahl, den Gliederungsformaten, aber auch aus der Detailarbeit ergibt.

Dass im ersten Jahrzehnt des Büros nur öffentliche Bauten entstanden sind, hat seine Ur-

ments and the compositions play a greater part than previously, an emancipatory step away from nonchalance and towards the nobler, more controlled modern style. The influence of Eiermann is evident. From the point of view of architectural theory, the architects adopted the concept of transparency applied in 1955 by Colin Rowe and Robert Slutzky from painting to architecture, which is characterized by layerings and superimpositions of real and apparent transparency and ambiguous spatial connections. The theatrically projecting longitudinal wall, which is 'undressed' by the removal of layers, and the multilayered

ing like a backbone. The façades with wooden windows and parapets as well as a protruding fine steel fabric of access balconies and protection from the sun show an even stronger orientation towards Eiermann.

The interconnection of interior and exterior, the logical arrangement of the spaces in relation to the natural environment, the interior transparent, almost immaterial – a variety of architecture, the tamed, disciplined south-west-modernist, is here brought to perfection.

With this architectural language before one's eyes, when visiting the further buildings of the firm of Wulf & Partner, such as the Gymna-

SENIORENZENTRUM LICHTENSTEIN, SÜD- UND WESTANSICHT CENTRE FOR THE ELDERLY, LICHTENSTEIN, VIEW FROM THE SOUTH AND WEST

wall and façade structures in the interior illustrate this principle.

Closely related to Ettlingen, though created three years later, is the design for the education centre of the health insurance company AOK Baden-Württemberg in the Untersteinbach district of Pfedelbach (▶82). Here the task was to extend existing buildings from the 1960s by adding seminar rooms and dormitory rooms. Again the architects planned an ensemble of functionally clearly defined buildings: dormitories, a circular dining room, meeting room and the access area linking all the parts of the build-

sium (grammar school) St Meinrad in Rottenburg on the Neckar from 1997 (▶102), one can recognize the firm's individual style, which results from the choice of materials, the structural formats, but also the detail of the work.

That the firm's first decade produced only public buildings is to be attributed to the competition system, for all its commissions were received as a result of successful competition entries. The city grammar school in Rottenburg on the Neckar was the first commission that was given direct to the architects. They had made a convincing impression with the

sache im Wettbewerbswesen, denn alle Aufträge wurden über gewonnene Wettbewerbe akquiriert. Das städtische Gymnasium in Rottenburg am Neckar war der erste Auftrag, der an die Architekten direkt vergeben wurde. Sie hatten mit dem Katholischen Gymnasium überzeugt und sollten in unmittelbarer Nachbarschaft und im selben architektonischen Duktus das Schulensemble komplettieren. Auch der erste Auftrag für einen innerstädtischen Verwaltungsbau in der Stuttgarter Marienstraße kam im Jahr darauf direkt ins Haus. Wulf & Partner orientierten sich beim Bürobau für die Allianz an der „Großstadtarchitektur" Erich

men und liegen mittelfristig auf Eis. Die Architekten hatten sich vom *genius loci* inspirieren lassen und drei unregelmäßig geformte, parabolisch gewölbte Gewächshäuser um ein Besucherzentrum angeordnet. Der Vorteil ihres Entwurfs lag im Versprechen, das Rhodarium organisch in den Park, in seine Topografie und sein Wegenetz einzubinden und das Postulat eines auftrumpfenden Solitärs zu vermeiden. Die symbolhafte Ähnlichkeit mit dem Blattkranz des Rhododendrons ist gewissermaßen ein Nebenprodukt der Gestaltfindung.
Vielleicht angeregt von der zurückhaltenden Symbolik des Rhodariums suchten die Archi-

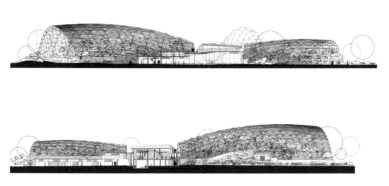

RHODARIUM BREMEN, ANSICHTEN UND MODELL RHODARIUM, BREMEN, VIEWS AND MODEL

Mendelsohns, an dessen Fassaden der Schocken-Kaufhäuser. In dieser Phase entwickelte das Büro Aktivitäten auch jenseits der Landesgrenzen, zunächst ebenfalls auf dem Weg der Wettbewerbe. Gleich einen ersten Preis errang das Team 1998 mit dem Entwurf für ein Sonderbauwerk, das, typisch für Wulf & Partner, mit besonderen und neuen Formen aufwartet. Das Rhodarium sollte als Ausstellungszentrum für die Biosphäre der Rhododendren inmitten eines Landschaftsparks in Bremen errichtet werden. Doch die Pläne sind über die Planungsphase nicht hinaus gekom-

tekten für die europäische Hauptverwaltung der Computerfirma Krystaltech Lynx in Reutlingen im Wettbewerb 2000 erstmals nach einer zeichenhaften Großform, die einerseits dem Image des Gebäudenutzers Ausdruck verleihen sollte und andererseits auf die örtliche Lage an der Biegung einer viel befahrenen Bundesstraße Bezug nimmt. Das Büro- und Betriebsgebäude in Form einer gläsernen Welle soll die Dynamik der Firma und des Verkehrs erlebbar machen. Dieses semantische Element war neu im formalen Repertoire des Büros Wulf & Partner und basierte auf einer

Catholic grammar school and were to complete the school ensemble in the immediate vicinity and in the same architectural style. The first commission for an inner-city administration building in Stuttgart's Marienstrasse the following year also came to them as a direct commission. For this office building for the Allianz, Wulf & Partner oriented themselves towards the 'big city architecture' of Erich Mendelsohn, and his façades for the Schocken stores in Stuttgart and Chemnitz.

In this phase the firm was also undertaking activities beyond the state borders, initially still by means of competitions. The team won a arium organically into the park, its topography and its network of paths, and to avoid the preconception of a self-important solitaire building. The symbolic similarity of the complex to the shape of a rhododendron is to a certain extent a by-product of this design concept.

Perhaps stimulated by the restrained symbolism of the Rhodarium, on entering the competition in 2000 for the European head office of the computer firm Krystaltech Lynx in Reutlingen, the architects for the first time envisaged an emblematic large format, which on the one hand was to give expression to the technical uses of the building and on the other

KRYSTALTECH REUTLINGEN, WINTERGARTEN UND SÜDANSICHT KRYSTALTECH, REUTLINGEN, WINTER GARDEN AND VIEW FROM THE SOUTH

first prize in 1998 with their design for a special building that, as is typical of Wulf & Partner, had unusual new forms to offer. The Rhodarium was to be built as an exhibition centre for the biosphere of rhododendrons in the middle of a landscape park in Bremen. But the project did not get past the planning phase and for the time being has been put on ice. The architects had allowed themselves to be inspired by the genius loci and arranged three irregularly formed, parabolically vaulted plant houses around a visitor centre. The advantage of their design lay in the promise to integrate the Rhod- hand take account of its location at the bend of a much-travelled national highway. This office and trading building in the form of a glass wave is intended to convey the dynamics of the firm and of traffic as an experience. This semantic element was a new addition to the repertoire of forms of Wulf & Partner and was based on a new way of thinking and expression which shortly afterwards led to the Adidas project in Herzogenaurach.

In other German states, commissions for the firm in 2002 resulting from competitions included the old people's centre in Schwalbach

neuen Denk- und Ausdrucksweise, die kurze Zeit später in dem Adidas-Projekt in Herzogenaurach mündete.

In anderen Bundesländern entstanden nach Wettbewerben 2002 zum Beispiel das Seniorenzentrum im hessischen Schwalbach am Taunus und die Erweiterung des Bayerischen Landesamts für Gesundheit und Lebensmittelsicherheit in Erlangen (▶87). Letztere präsentiert sich als Ensemble aus einem runden und drei transparenten quadratischen Baukörpern, nah am umgebenden Wald liegend. Verbunden sind die drei Neubauten und der Bestandsbau durch aufgeständerte, gläserne Wandelgänge, die wie auf Zehenspitzen über den Waldboden tippeln, als wollten sie die Natur möglichst wenig beeinträchtigen.

Wogt neben dem Grundstück die „wilde" Natur, so sind im Kontrast dazu die Atriumgärten als „disziplinierte" Natur gestaltet. In geometrischer Ordnung wechseln Schotterflächen unterschiedlicher Körnung und Farbe sowie Glassplitt-Schüttungen, Birkenstamm-Knüppelwege und präzise geschnittene Rabatten. Die Pflanzen – Bambus, Gräser, Farne, Solitärbäume – sind sorgsam ausgewählt und streng arrangiert. Die Gartengestaltung der Werkgemeinschaft Freiraum, Landschaftsarchitekten aus Nürnberg, wird zur Konzeptkunst als Pendant zur Architektur.

Wie es der Zufall will, waren Wulf & Partner während der Bauzeit des Landesamts in Erlangen im benachbarten Herzogenaurach mit einem anderen Wettbewerb erfolgreich, für das neue Factory-Outlet von Adidas (▶44). Und da für Letzteres nur ein Jahr Planungs- und Bauzeit zur Verfügung stand, wurden beide Projekte im Jahr 2003 praktisch gleichzeitig an ihre Nutzer übergeben.

Adidas stellte für das Büro in mehrfacher Hinsicht einen Quantensprung dar. Erstmals erfuhr das bodenständige Stuttgarter Büro überregionale, ja internationale Aufmerksamkeit.

Erstmals hatte man sich im Wettbewerb gegen international namhafte Konkurrenten durchgesetzt. Nichts gegen Altenheime und Schulen, aber diesmal ging es um ein Prestigeprojekt ersten Ranges, das sowohl in Architektenkreisen als auch in der Wirtschaft unter dem Gesichtspunkt *corporate identity* aufmerksam beäugt wurde. Und was die Architektur aus dem Haus Wulf & Partner betrifft, markiert das Projekt unzweifelhaft einen Schritt in die „Neuzeit" des Büros, in der das kontextuelle Entwerfen in den Hintergrund trat (ohne je aus den Augen zu geraten) und das konzeptionelle Denken an Bedeutung gewann.

Der konzeptionelle Ansatz bei Adidas bezieht sich auf die Welt des Sports mit ihren Konnotationen Geschwindigkeit und Dynamik, die sich auch auf die Marke übertragen sollten. Nicht die Funktionsabläufe bestimmten primär die Gestaltung des Entwurfs, wenngleich diese untadelig in Beton, Stahl und Glas umgesetzt worden sind. Eher waren es städtebauliche Überlegungen, die Einbettung in das gesamte Adidas-Areal und die Verknüpfung mit den Verkehrsanlagen, die sich formbildend ausgewirkt haben.

So ist das Factory-Outlet zu einem Hauptwerk des Dynamismus in Deutschland geworden, einer Architektur, die aus der Bewegung entstanden scheint und Bewegung zum Ausdruck bringt. Vielfach wird Dynamismus ohne Anlass und als formale Attraktion eingesetzt. Hier erfährt er eine Legitimation, die ihn in die Grundströmung der Moderne einbindet. Denn nach wie vor sind Wulf & Partner nicht ins Lager der Mode- und Ikonenarchitekten übergewechselt, vielmehr sehen sie sich im Schulterschluss mit der aktuellen Moderne. Für sie ist das Projekt jedenfalls ein kaum zu steigernder Höhepunkt in der Anwendung des Dynamismus, der einen Sonderfall der allgemeinen Prinzipien der Moderne in der Anwendung darstellt und, so gesehen, kaum wiederholbar

am Taunus, in Hesse, and the extension to the Bavarian State Office of Health and Food Safety in Erlangen (▶87). The latter is presented as an ensemble composed of one circular and three transparent square buildings, lying near the surrounding forest. The three new buildings and the existing one are linked by supported glazed walkways.

While 'wild' nature rages beside the site, in contrast the atrium gardens are designed as 'disciplined' nature. Gravel surfaces in varied colours alternate geometrically with birch-stem log paths and precisely cut grooves. The plants – bamboo, grasses, ferns, individual trees – are carefully chosen and meticulously arranged. The garden design by the working collective Freiraum, landscape architects from Nuremberg, becomes the counterpart to the architecture.

As chance would have it, during the building of the State Office in Erlangen in nearby Herzogenaurach, Wulf & Partner were successful in another competition, for the new Adidas factory outlet (▶44). And since there was only a year available for planning and building the latter, both projects were realized practically simultaneously in 2003.

Adidas in many respects represented a quantum leap for Wulf & Partner. This local Stuttgart office was for the first time experiencing national, indeed even international attention. It was the first time that the firm had asserted itself in a competition against internationally noted colleagues. Nothing wrong with old people's homes and schools, but this time it was a case of a prestige project of top rank, which was attentively observed not only in architectural circles, but also in the industry from the point of view of corporate identity. And in terms of the firm's architectural quality, the project undoubtedly marks a step into their 'modern age', in which contextual design receded into the background (without ever being lost from sight), and conceptual thinking gained in importance.

The conceptual approach to Adidas relates to the World of Sports with its connotations of speed and dynamism. It is not the functional processes that primarily determine the design, although these have been impeccably translated into concrete, steel and glass. Rather it was considerations of urban planning, embedding in the whole Adidas site, and links with the traffic system, that were decisive in the shaping of the project.

The Factory Outlet has thus become a major work of dynamism in Germany, of an architecture that seems to have grown out of movement and allows the expression of movement. Dynamism is often employed without real foundation and as a formal attraction. Here it experiences a legitimation that involves it in the basic current of modernism. For, as in the past, Wulf & Partner have not moved into the camp of the fashionable and iconic architects, rather they see themselves as working in solidarity with current modernism. For them, in any case, the project is a high point, hardly to be exceeded, in the application of dynamism, one which represents a special case of the application of the general principles of modernism, and as such can hardly be repeated – unless other objects are designed for the sake of form, renouncing legitimation by function and construction, and aiming specifically at a special, spectacular form. But this sort of renunciation of discipline is not the business of Wulf & Partner.

Despite the company policy of Adidas, which aims to use an ensemble of different architectural handwriting in the further extensions to their head office in Herzogenaurach, Adidas World of Sports, in 2006 Wulf & Partner took part in the competition for the Adidas Marketing and Operation Modul (MOM). Their proposals were to integrate the topographical dif-

sein wird. Es sei denn, man entwirft andere Objekte formalistisch unter Verzicht auf die Legitimation durch Funktion und Konstruktion und erstrebt zielgerichtet die besondere, spektakuläre Form. Doch derlei Disziplinlosigkeit ist nicht die Sache von Wulf & Partner.

Trotz der Firmenpolitik von Adidas, die beim weiteren Ausbau des Hauptstandorts in Herzogenaurach, der Adidas World of Sports, ein Ensemble unterschiedlicher architektonischer Handschriften zum Ziel hat, nahmen Wulf & Partner 2006 am Wettbewerb um das Adidas Marketing and Operation Modul (MOM) teil. Mit ihren Vorstellungen, das topografische

Körperhaftigkeit als architektonische Aussage bestimmt die 2004 eingeweihte Konrad-Adenauer-Schule im östlichen Ruhrgebiet (▶94). Als am Ortsrand von Hamm-Rhynern ein Schulkomplex geplant werden sollte, ließ sich aus der benachbarten kleinteiligen Einfamilienhausbebauung kaum Anregung gewinnen. Eher noch aus den in die Felder südlich des Geländes wie Inseln eingestreuten Einzelgehöften, und die dienten denn auch als Vorbild für die Konzeption. Drei derartige „Inseln" mit quadratischer Grundfläche, schräg zueinander arrangiert, sind Plattformen für die Realschule, die Dreifach-Sporthalle und das (noch nicht

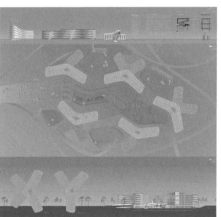

PROJEKT ADIDAS HAUPTVERWALTUNG HERZOGENAURACH DESIGN FOR ADIDAS HEADQUARTERS, HERZOGENAURACH

Gefälle in die Organisation der Sockelzone zu integrieren und darüber eine Familie X-förmiger Hochbauten zu arrangieren, waren sie diesmal nicht erfolgreich, da das Preisgericht einerseits strukturalistische und andererseits skulpturalere Arbeiten präferierte. Der Entwurf steht jedenfalls für die jüngste Tendenz des Büros, Baukörper auch als Designobjekte anzusehen und ihnen entsprechende gestalterische Aufmerksamkeit zuteil werden zu lassen, wobei fließende Formen in Erwägung stehen, wenn sie funktional begründet werden können.

realisierte) Gymnasium. Die Baukörper sind skulptural aufgefasst, haben gestalterischen Eigenwert. Z-förmig die Realschule, kubisch geschichtet die Sporthalle und aus Winkel und Riegel komponiert das geplante Gymnasium, treten die einzelnen Gebäude in ein beziehungsreiches Spiel miteinander. Mehr noch als die Realschule, die als scharf geschnittene, durch ihre Proportionen elegant wirkende Scheibe und ebenso scharf eingeschnittene Fensterbänder über dem gläsernen Erdgeschoss zu schweben scheint, reflektiert die ein Jahr später gebaute Sporthalle das präzise

ferences in the base zone and arrange a family of X-shaped high-rise buildings above. They were unsuccessful this time, since the jury preferred on the one hand structuralistic and on the other hand more sculptural designs. The design at any rate stands for the most recent tendency by the firm to see buildings as design objects and to give them the corresponding creative attention, considering the use of flowing forms if these can be justified in terms of functionality.

Physicality as an architectural statement determines the design of the Konrad Adenauer School in the eastern Ruhr District, officially ceived, and have their own creative merit. The individual buildings – the Z-shaped secondary school, the cubically layered sport hall and the planned grammar school composed of angles and blocks – enter into an interplay rich in relationships. Even more than the secondary school, which seems to float above the glass ground floor as a sharply cut panel whose proportion create an effect of elegance, and equally sharply cut ribbon windows, the sport hall, built a year later, reflects the precise play of the severely measured masses. Depending on the time of day and the light conditions, the hall building appears to be a windowless

REALSCHULE HAMM, SÜDSEITE UND KLASSENFLUR SECONDARY SCHOOL, HAMM, SOUTH SIDE AND ENTRANCE HALL TO CLASSROOMS

opened in 2004 (▶94). When a school complex was planned on the outskirts of Hamm-Rhynern, little stimulus was provided by the nearby small-unit one-family housing development. The individual farmhouses, scattered like islands in the fields south of the site, were more inspiring, and these therefore served as a model for the concept. Three such 'islands' on square bases, arranged at oblique angles to each other, are platforms for the secondary school (Realschule), the triple sports hall and the (not yet realized) grammar school (Gymnasium). The buildings are sculpturally con- white cube or a softly gleaming, almost immaterial phenomenon. Following the maxim 'A tight budget is a creative task', Wulf & Partner have found an independent, economic solution for the structural framework and clothed it with an unusual façade development. In any case the building represents a highly advanced stage on the path to architectural abstraction. Stereometrically block-like and more abstract than usual, the school extension of the Albert Schweitzer grammar school in Laichingen was completed in 2004. In a gently ironic discourse with the existing buildings, the new

Spiel der stereometrischen Volumina. Je nach Tageszeit und Lichtverhältnissen erscheint der Hallenkörper als fensterloser weißer Kubus oder als sanft leuchtendes, fast immaterielles Artefakt. „Ein knappes Budget ist eine kreative Aufgabe", diesem Credo gemäß haben Wulf & Partner eine eigenständige, ökonomische Lösung für das konstruktive Gerüst gefunden und mit der ungewöhnlichen Fassadenausbildung bekleidet. Jedenfalls repräsentiert der Bau eine weit fortgeschrittene Station auf dem Weg zur architektonischen Abstraktion.

Blockhaft stereometrisch und abstrakter als gewohnt präsentiert sich auch die 2004 fertig

Die konsequente Separation der Bauteile in individuelle Funktionsformen wurde bei der Dreifach-Sporthalle in Aalen-Wasseralfingen zum Thema (▶105). Geschlossene Giebelwände aus Sichtbeton bilden die Führungen, zwischen denen sich der gläserne Hallenkörper aus dem Hang herausschiebt. Darüber schwebt ein flacher, stromlinienförmiger Dachkörper, der mit seiner Karosserie aus mattem Aluminium deutliche Assoziationen an eine Flugzeugtragfläche weckt. Da das Dach auf sehr dünnen Rundstützen balanciert, ist der Effekt der additiven Architekturelemente auch im Inneren der Halle wirksam.

BÜRGERHAUS BÖBLINGEN, FOYERANBAU UND INNENANSICHT TOWN HOUSE, BÖBLINGEN, FOYER EXTENSION AND INTERIOR VIEW

gestellte Schulerweiterung des Albert-Schweitzer-Gymnasiums in Laichingen. In einer leicht ironischen Auseinandersetzung mit den vorgefundenen Gebäuden komplettiert der Neubau die Anlage der drei Bestandsbauten um einen Campus zum Geviert. Gekippte Fensterfronten prägen das im präzisen Raster der Fertigteilkonstruktion gegliederte Gebäude mit seiner „Setzkastenfassade". Der Innenausbau mit cremefarben bronzierten Aluminiumpaneelen und Oberflächen aus Rüsterholz verleiht der Oberlichthalle eine unerwartet noble Atmosphäre.

Keine bedingungslose Liebesbeziehung ist das Verhältnis von Wulf & Partner zur Baugeschichte, eher ist es von Respekt und vom Bewusstsein der Stärke und der Legitimität der eigenen Position bestimmt. Um Aufträge für das Bauen in historischem Kontext haben sie sich allerdings kaum bemüht. Anfangs, 1993, richteten sie in Böblingen-Dagersheim eine Zehntscheuer für die Nutzung als Bürgerhaus ein. Das Fachwerk aus dem 17. Jahrhundert konfrontierte sie mit ihrer Vorstellung vom „Fachwerk des 20. Jahrhunderts", filigranem, technizistischem Stahlbau, mit dem sie das

structure increases by a quarter the complex of three existing buildings around a campus. Tilted window fronts characterize the building, structured to the precise pattern of ready-made construction, with its 'type-box façade'. The interior extension, with cream-coloured bronzed aluminium panels and elmwood surfaces, lends an unexpectedly imposing atmosphere to the ceiling-lit hall.

The logical separation of the building elements into individual functional forms became the theme of the Triple Sport Hall at Aalen-Wasseralfingen (▶105). Closed gable walls of exposed concrete form the passages between

they have hardly made efforts to obtain commissions for building in a historical context. At the outset, in 1993, they converted a tithe barn in Böblingen-Dagersheim for use as a town house. They confronted the 17th-century half-timbering with their idea of '20th-century half-timbering', filigree steel construction in technological terms, with which they furnished the new front of the house and various alterations and additions. There was no question of adaptation, let alone imitation or reconstruction. What was being sought was a dialogue between old and new, such as is only possible between equal partners.

GYMNASIUM LAICHINGEN, HALLE UND SÜDANSICHT GRAMMAR SCHOOL, LAICHINGEN, HALL AND VIEW FROM THE SOUTH

which the glazed hall structure projects from the slope. Above this floats a low, streamlined roof area, with which its body of matt aluminium arouses obvious associations with the wing of an aircraft. Since the roof is balanced on very thin round supports, the additive architectural elements are equally effective in the interior of the hall.

The relationship between Wulf & Partner and architectural history is not an unconditional love story, rather it is determined by respect and by consciousness of the strength and legitimacy of their own position. Admittedly,

The process was similar in 1998–2004 in Neustadt/Aisch, where the architects were charged with restoring and extending the State Vocational College (▶88). They placed two modern, creatively independent building blocks side by side with the two unpretentious saddle roofs from the 1940s. The functional content – as workshops and classrooms – was clearly expressed on the outside by the architecture. The shell of the old building was refurbished in modern style. Once again, there was no question of historic conservation or the preservation of the original character of the building.

neue vorgesetzte Foyer und weitere Um- und Einbauten bewerkstelligten. Von Anpassung oder gar Nachahmung oder Rekonstruktion war nicht die Rede. Gesucht wurde der Dialog zwischen Alt und Neu, wie er nur unter gleichgestellten Partnern möglich ist.

Ähnlich sind die Architekten 1998–2004 in Neustadt/Aisch vorgegangen, wo die Staatliche Berufsschule saniert und erweitert werden sollte (▶88). Den beiden schlichten Satteldachbauten aus den 1940er Jahren stellten sie zwei moderne, gestalterisch eigenständige Gebäuderiegel zur Seite, bei denen die Nutzungsinhalte – Werkstätten, Klassenräume – in

Eine ungewöhnliche Fassadengestaltung ist das primäre Kennzeichen der 2005 entstandenen BKK Hauptverwaltung in Schwenningen (▶30). Die Geschosstrennung durch schmale, weiße Gesimsbänder ist von filigraner, aber präziser Präsenz, während die Fassaden aus dunkel kontrastierenden Metallrohren vor der geschosshohen Verglasung einen informellen, an Naturformen wie Schilf oder Baumstämme erinnernden Eindruck erwecken. Im Ergebnis lässt der an seiner Westseite immerhin fast 70 Meter lange ungegliederte Baukörper jegliche Monumentalität vermissen und zeigt nichts als seine strukturelle Substanz.

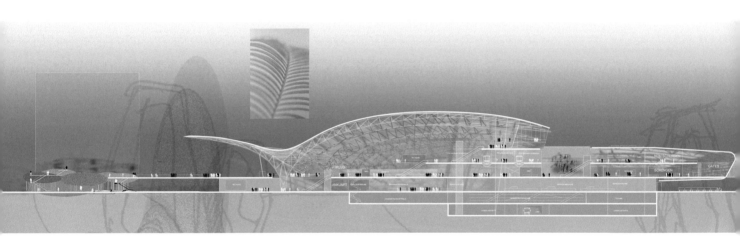

PROJEKT FLUGHAFEN FRANKFURT TERMINAL SÜD DESIGN FOR FRANKFURT AIRPORT, SOUTH TERMINAL

der Architektur nach außen deutlich zum Ausdruck kommen. Der Altbau wurde ausgekernt und modern ausgebaut. Wiederum ist von konservativer Denkmalpflege und Erhaltung des ursprünglichen Baucharakters keine Rede.

Auch in Ostfildern-Denkendorf war ein Bestandsbau zu erweitern. Der unscheinbare Garagenbau aus den 1960er Jahren hat sich durch Aufstockung und eine neue Fassade zu einem ansehnlichen Betriebsgebäude gewandelt, dem die Konversion zu einem konzeptionell gedachten, modernen, transparenten Entwurf nicht mehr anzusehen ist (▶126).

Hin und wieder suchen Wulf & Partner eine größere Herausforderung und versuchen, ihre Grenzen auszuloten und weiter auszudehnen. Dann nehmen sie an größeren Wettbewerben teil, entwickeln zum Beispiel in einem städtebaulichen Ideenwettbewerb die „via triumphalis", einen Rahmenplan für die Kernstadt von Karlsruhe – und gewinnen auch noch den ersten Preis, das war 1997. Sie entwerfen das Europäische Patentamt, ein futuristisch-exaltiertes, expressives Ensemble (1989) oder das neue Terminal Süd für den Flughafen Frankfurt, ein dynamischer Entwurf mit eleganten,

In Ostfildern-Denkendorf an original building was also to be extended (▶126). The inconspicuous garage building from the 60s has been transformed by adding new levels and a new facade, which can no longer be recognized as a conversion into a conceptually planned modern transparent design.

An unusual façade design is the primary feature of the BKK Head Office in Schwenningen, created in 2005 (▶30). The separation of storeys by narrow white cornice bands is of filigree but precise presence, while the façades of dark contrasting metal tubes in front of the storey-high glazing give an informal impres-

cally exalted, expressive ensemble (1989) and the new south terminal for Frankfurt airport, a dynamic design with elegant, widely extended hall structure (2005). A similar operation produced what is for the time being, and certainly for the foreseeable future, the largest project by the firm of Wulf & Partner, the new Landesmesse (State Exhibition) in Stuttgart (▶60).

This is not the only design for an exhibition with which the firm has successfully competed. In a competition for the Neue Messe in Karlsruhe in 1999, the jury bestowed first prize on the ideas of the Wulf & Partner team. However, another team finally executed the project.

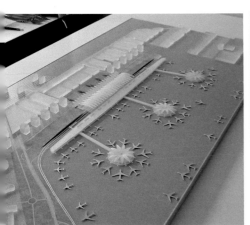 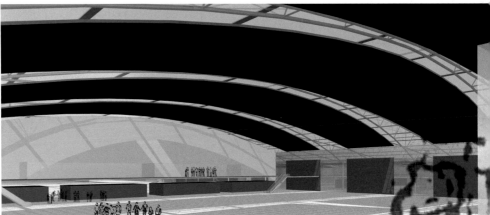

PROJEKT FLUGHAFEN FRANKFURT TERMINAL SÜD DESIGN FOR FRANKFURT AIRPORT, SOUTH TERMINAL PROJEKT NEUE MESSE KARLSRUHE DESIGN FOR NEW EXHIBITION CENTRE, KARLSRUHE

sion, recalling natural forms such as reeds or tree trunks. As a result, the unstructured building, almost 70 metres long on its west side, renounces all monumentality and shows only its structural substance.

Now and then, Wulf & Partner seek a greater challenge and attempt to test and extend their limits further. Then they take part in larger competitions, for example in 1997, when, in an urban planning competition of ideas, they developed a skeleton plan for the central city of Karlsruhe – and even won first prize. They designed the European Patent Office, a futuristi-

The new State Exhibition Halls in Stuttgart show very vividly how a design can be created with positively compelling consistency once the parameters have been firmly laid down. It is not primarily function (and certainly not a pre-characterized idea of form) from which the project gains its shape, it is the inner logic of the building that is first sought and grasped. From this, the structure develops through creativity in design. In a project of large dimensions, the structural system underlines this approach and brings with it the essential creative determinants. The structure has been for-

weit gespannten Hallentragwerken (2005). Einer solchen Aktion entsprang auch das vorerst und sicher auch mittelfristig größte Projekt aus dem Haus Wulf & Partner, die neue Landesmesse in Stuttgart (▶60).

Es ist nicht der einzige Messeentwurf, mit dem das Büro im Wettbewerb erfolgreich war. Für die Neue Messe Karlsruhe wurde im Jahr 1999 ein Wettbewerb ausgelobt, auch hier hat das Preisgericht die Ideen des Teams Wulf & Partner mit einem der ersten Preise bedacht. In der Überarbeitungsphase konnte sich jedoch ein anderes Team durchsetzen.

Die neue Landesmesse in Stuttgart zeigt sehr anschaulich, wie ein Entwurf mit geradezu zwingender Folgerichtigkeit entstehen kann, wenn die Parameter einmal festgelegt sind. Es ist nicht vorrangig die Funktion (und schon gar nicht eine vorgeprägte Formvorstellung), nach der das Projekt seine Gestalt gewinnt, es ist die innere Logik des Bauwerks, die zunächst gesucht und erfasst wird. Daraus entwickelt sich durch Kreativität beim Entwerfen die Struktur. Es folgt, vor allem bei einem Projekt großer Dimensionen, die Wahl eines Tragwerks, das diese Struktur zu konkretisieren vermag und das bereits die wesentlichen gestalterischen Determinanten mit sich bringt. Schließlich wird die Struktur mit einer Architektursprache ausformuliert, die als Fortführung der Moderne in einer modifizierten Version der südwestdeutschen Schule gesehen werden kann und durch leichte Strukturen, helle, transparente Räume, wenige, helle Farben und pure Materialien mit ihren natürlichen Farben und Texturen charakterisiert ist.

Bei der Stuttgarter Messe (die genau genommen außerhalb der Stadtgrenzen im Kreis Esslingen liegt), sind die Topografie, die Organisation der kurzen Wege und der angestrebte Landschaftsbezug die Parameter für die Struktur des Entwurfs. Sie führten die Architekten zur Figuration der beiden Hallenreihen mit zwischenliegender grüner Achse und Ausgriff über die Autobahn durch das begrünte Parkhaus sowie die Höhenversprünge.

Die Wahl der Hängedachkonstruktionen brachte die zeichenhaften und imagebildenden beschwingten Dächer mit sich und die Wahl der Brückenbauweise für das Parkhaus das Wahrzeichen der Messe, wie es täglich vielen tausend Reisenden vor Augen tritt. Die Architektursprache bestimmt die Syntax der Gliederungselemente, die Grammatik ihrer Anwendung und das Vokabular ihrer Gestaltungsmittel, Details und Farben. Die Außenfassaden und Innenwände zeigen eine klare, rationalistische Gliederung mit einer präzisen Ordnung bis hinab zum kleinsten Detail. Nur wenige schmückende Elemente, unregelmäßig verteilte Farbfelder etwa, werden dort eingesetzt, wo zu viel Wiederholung gleichförmiger Elemente und Monotonie drohte. Freie und bewegte Linienführungen werden kontrapunktisch verwendet, bei der Gestaltung des Messeparks in der Mittelachse, beim Parkhaus, beim gewölbten Horizont der Messepiazza, doch auch diese lassen sich letztlich funktionalistisch legitimieren, wenn es um der Erholung dienende Elemente, Empfindung und Orientierung geht.

Eine neue Orientierung zu geben, ist auch die Absicht der Architekten bei der umfänglichen Arbeit, die mit ihrem Titel „METRO Stylebook" nur unvollständig charakterisiert ist (▶128). Was der Auftraggeber den Architekten aufgetragen hat, ist nicht weniger als die Runderneuerung der „Hardware" seiner Fachmarktzentren deutschlandweit, das heißt des Erscheinungsbildes und der funktionalen Peripherie der Anlagen. Den Verantwortlichen beim Handelskonzern METRO war die Erkenntnis gekommen, dass die Zentren mit ihrer synergetisch bedingten Branchenmischung allenthalben fast planlos ins Kraut geschossen sind und nicht einmal mehr den geringsten gestalterischen Ansprüchen genügen.

mulated using an architectural language which is a continuation of modernism in a modernized version of the south-west German school. It is characterized by light structures, bright, transparent spaces, selected light colours and pure materials with their natural colours and textures.

For the Stuttgart Messe (which, to be precise, is situated outside the city limits, in the Esslingen district), it was the topography, the organization of the short paths and the desired reference to the landscape that were the parameters for the structure of the design. They led the architects to the configuration of two rows of halls with a green axis between them and a protrusion over the motorway provided by the carpark and its greenery and the differences in height within the volumes. The choice of a suspended roof construction involved the symbolic and image-forming use of lively roof design, and the bridge structure for the car park became the landmark of the Fair, greeting many thousands of travellers every day. The architectural language determined the syntax of the structural elements, the grammar of their application and the vocabulary of their media, details and colours. The outer façades and inner walls manifest a clear rationalistic structure right down to the smallest detail. Only a few decorative elements, such as irregularly distributed fields of colour, have been used where there was a danger of redundancy and monotony. Free and lively lines are contrapuntally used, in the central axis of the Messe area, in the car park, in the vaulted horizon of the piazza. However, these too can ultimately be justified in terms of functionalism, as recreational elements, adding sensation and orientation.

The provision of a new orientation is also the architects' intention in their comprehensive work, inadequately described by its title "METRO Stylebook" (▶128). The client demanded no less than a complete overhaul of the "hardware" of its specialist market centres of the architect, including their appearance and functional periphery. Those in a position of responsibility at the METRO trading concern had realized that the centres with their synergetically determined mixture of branches had gotten out of control, almost without a plan, and no longer satisfied even the lowest creative ambitions.

The commission, therefore, was to 'make a clean sweep'. As a start, the heterogeneous architecture of the centres, which were often composed of one larger store unit and additional low-level buildings erected at various times, were to be brought together and harmonized by means of new façade systems. The basic requirement was to calm, cleanse and simplify the confusing fields of information which posed too great a challenge to the user. At the same time, the architects used the principles of corporate design.

The task was also to establish the brand, to make the specialist market recognisable to drivers from a distance, thus moving its image away from a cheap store to a quality price-conscious shopping centre. Even more than with Adidas, where it was Sascha Lobe who took over this task, more than with the Messe, whose symbolic world, relevant in design terms, was orchestrated by the Uebele firm, the METRO specialist markets need a conductor who could discipline the sales mechanisms which visually tended towards exaggeration, to work together harmoniously.

The stylebook is not only the development of the corporate identity of an enterprise by a designer; it is much more fundamentally a handbook of the modern architecture of today, which by means of analysis, proposals and instructions determines many aspects of this architecture, from the optimization of the functional processes through semantics as a

Der Auftrag lautete also, „aufzuräumen". Zunächst soll die heterogene Architektur der Zentren, die sich oft aus einer größeren Kaufhauseinheit und angefügten Flachbauten unterschiedlicher Entstehungszeiten zusammensetzen, durch neue Fassadensysteme zusammengefasst und harmonisiert werden. Grundanliegen ist die Beruhigung, Bereinigung und Vereinfachung verwirrender und den Nutzer überfordernder Informationsfelder. Gleichzeitig wird mit den Prinzipien des *corporate design* gearbeitet.

Letztlich geht es um die Etablierung der Marke, um Wiedererkennbarkeit der Fachmärkte durch den Autofahrer schon von Weitem und um eine Imageverbesserung, weg vom billigen Ramschladen hin zu einer Einkaufsstätte, die Qualität verspricht, aber durch ihre sachliche Erscheinung Preisbewusstsein suggeriert. Mehr noch als bei Adidas, wo diese Aufgabe Sascha Lobe übernommen hatte, mehr als bei der Messe, deren gestaltungsrelevante Zeichenwelt das Büro Uebele orchestrierte, wird bei den METRO-Fachmärkten der Dirigent gebraucht, der die optisch latent zum Überschwang tendierenden Verkaufsmaschinerien diszipliniert, auf dass sie harmonisch zusammenwirken.

Das Stylebook ist nicht nur die von einem Unternehmen bei einem Designer georderte Entwicklung einer *corporate identity*, man kann es weitaus grundsätzlicher verstehen als eine Fibel der modernen Gegenwartsarchitektur, die in Analyse, Vorschlägen und Anweisungen vieles darlegt, was diese Architektur ausmacht, von der Optimierung der Funktionsabläufe über die Semantik als Funktionselement bis zur Gestaltfindung im Sinn einer Ästhetik der Sachlichkeit. Man wünschte sich viele solcher Stylebooks für die Gewerbegebiete und Industrieareale dieser Zeit.

Wulf & Partner stehen für diese Entwicklung der Gegenwartsarchitektur. Sie kommen zwar aus der liberalen südwestdeutschen Schule. Wie Günter Behnisch fragen sie sich: „Was will der Raum von sich aus werden?", wie er versuchen sie, den Menschen als den Nutzer, Adressaten (und manchmal auch Bedrängten und Betroffenen) von Architektur zu sehen, wie er suchen sie, „die Zwänge der Realität der Architektur aufzulösen oder wenigstens zu mildern", um Freiraum, Spielraum zu schaffen, auf Entdeckungsreise zu gehen und das Ergebnis so lange wie möglich offen zu halten. Doch anders als Behnisch fürchten sie sich nicht vor dem Moment, wo die Dinge fixiert werden, durch Konkretisierung in Stahl und Beton Endgültigkeit erlangen. Wo Behnischs Architektur immer irgendwie im Werden bleibt, unfertig erscheint, kommen sie zu einem Ende, das im Idealfall der Perfektion nahe kommt.

Und sie haben die Herausforderung der Zeit angenommen, die in der Technisierung der Welt liegt, in der ingenieurmäßigen Spezialisierung und Perfektion, im Einsatz neuer Bauweisen, Konstruktionen und Materialien. Und schließlich sehen sich Wulf & Partner auch in der Pflicht, den ökologischen Erfordernissen Rechnung zu tragen. Die windigen Mikadobauten, die unbrauchbare Blobarchitektur oder der neowilhelminische Historismus mancher die gesellschaftliche Komplexität des Bauens negierenden Kollegen erscheinen ihnen unverantwortlich und ohne Zukunftsaussichten. Sie stellen sich der gesellschaftlichen Verantwortung und arbeiten weiter an der Aktualisierung der Moderne.

functional element, and finally to the finding of a design in terms of an aesthetic of objectivity. It would be a good idea to have such stylebooks for contemporary commercial and industrial areas.

Wulf & Partner are exemplary of this development in present-day architecture. Admittedly they come from the liberal south-western school. Like Günter Behnisch they ask themselves: 'What does this space want to become?', like him they try to see man as the user, the target of (and sometimes also the person put under pressure and affected by) architecture, like him they seek to 'release or at any rate to moderate the compulsions imposed by architecture', to create free space, space to play, to go on a journey of discovery and to keep the result open for as long as possible. But unlike Behnisch, they are not afraid of the moment when things become fixed, when they attain finality by being given substance in steel and concrete. Where Behnisch's architecture always remains somehow inchoate, incomplete, they attain a conclusion that in the ideal case comes close to perfection.

And they have accepted the challenge of the times, which lies in the technological development of the world, in specialization and perfection in terms of engineering, in the employment of new building methods, constructions and materials. And finally, Wulf & Partner also see it as their duty to take account of ecological requirements. The empty, toy-like structures, the impractical Blob architecture, and the neo-Wilhelmine historicism of some of their colleagues, which negate the social complexity of building, seem to them irresponsible and without a future. They believe in social responsibility, and continue to work towards updating modernism.

PROJEKTE
PROJECTS

HAUPTVERWALTUNG SCHWENNINGER BKK
HEAD OFFICE, SCHWENNINGER BKK

Die Lage an einem kleinen künstlichen See am Ortsrand von Schwenningen gab Anlass für eine klare, kontrastreiche Struktur, die sich attraktiv im Wasser spiegelt. Feine, weiße Betonbänder trennen die Geschosse und verbinden sich am Giebel mäanderartig. Sie bilden ein markantes, wiedererkennbares Motiv. Vor dem zum See hin offenen Innenhof als Brücken verlaufend schließen sie optisch die Lücke im Baukörper und bilden gleichzeitig einen Patio, der im Inneren des Hofes dann in die viergeschossige Halle übergeht. Durch die Auflösung des Bauvolumens in flache Scheiben ist jegliche Monumentalität des stattlichen Baukörpers vermieden. Stattdessen ist Transparenz mit vielfältigen Aus- und Durchblicken das Generalthema des Gebäudes, das nur noch rudimentär geschlossene Wände aufweist. Gläsern die Fassade, gläsern die Halle, gläsern die Innenwände, scheint das einzig Verlässliche der feste Boden der Stockwerke aus Schiefer im Erdgeschoss und Parkett in den oberen Stockwerken zu sein. Rote Stores bringen eine komplementäre Farbe in die ansonsten von den Materialfarben Holz, Metall und Beton dominierten Räume.

Besondere Attraktion des Hauses ist die Außenfassade mit ihren Verschattungselementen aus scheinbar willkürlich arrangierten Metallrohren, die an das Schilf auf dem vorgelagerten See denken lassen. Sie sind zu beweglichen Drehflügeln zusammengefasst, die sich in ihrem Öffnungsgrad dem Sonnenverlauf anpassen lassen und in geschlossenem Zustand einen gefilterten Ausblick erlauben.

Ein ausgefeiltes Klima- und Lüftungskonzept mit Nachtluftkühlung, Bauteilaktivierung und Erdwärmenutzung durch thermisch aktivierte Bohrpfähle sorgt für minimierte Betriebskosten und ein ökologisches Energiemanagement.

The situation by a small artificial lake on the edge of the town of Schwenningen gave the context for a well-defined structure, rich in contrast, attractively reflected in the water. Fine white bands of concrete separate the floors and come together at the gable in a meandering design. They form a striking, distinctive motif. Acting as bridges, they run along the inner courtyard, which opens up towards the lake, and optically close the gap in the structure. At the same time they form a patio, which passes into the four-storey hall in the inner courtyard. Through the breaking up of the building mass into flat panes, any impression of monumentality in this imposing building is avoided. Instead, transparency, with multiple views out of and through the building is its general theme, its walls closed only in a rudimentary fashion. With the glass façade, the glass halls, the glass interior walls, the only reliable factor seem to be the solid flooring, slate on the ground floor and parquet on the upper stories. Red Stores add a complementary colour to the spaces that are otherwise dominated by the colours of the wood, metal and concrete.

A particular attraction of the house is the exterior façade with its metal tubes, arranged in apparently arbitrary fashion, which provide shade and remind of the reeds on the nearby lake. They are linked together in movable rotors, whose degree of openness corresponds to the course of the sun, and which in their closed state allow a filtered view.

A refined system of air-conditioning and ventilation, with air cooling at night, activation of building components and use of terrestrial heat by means of thermally activated auger piles, ensures minimal running costs and ecological energy management.

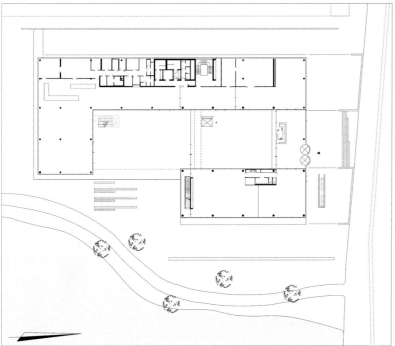

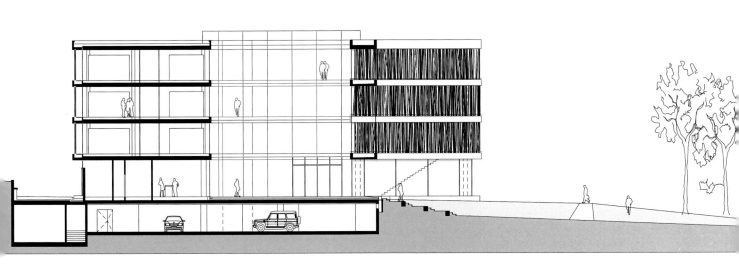

ADIDAS FACTORY OUTLET, HERZOGENAURACH

Mit dem Factory-Outlet-Center des Sportartikelgiganten Adidas, errichtet am Stammsitz des Unternehmens in Herzogenaurach bei Erlangen, ergriffen Wulf & Partner neuerlich die Gelegenheit, die Dimension des Dynamischen in der Architektur in einem Projekt umzusetzen. Es ist jenes Bauwerk auf dem Firmengelände World of Sports, das der Vorstellung von einem semiotischen Zusammenhang zwischen Sport und Architektur am weitesten entspricht. Geschwindigkeit, Dynamik, ja Rasanz, wie sie hier zum Ausdruck kommen, scheinen direkt mit der Idee des Sports zu korrelieren.

Die Idee tritt als Erstes vor Augen, schon bei der Annäherung mit dem Auto, drängt sich dem Betrachter förmlich auf, sodass fast alle Besucher das Bauwerk auf ähnliche Weise erleben dürften: wie die eingefrorene Bewegung eines vorbeirasenden Zuges, von dem nur ein paar Streifen wahrnehmbar sind. Die Streifen, das sind der Sockel und die Brüstung des Obergeschosses sowie der feine Dachsaum, getrennt jeweils durch die ununterbrochenen Fensterbänder. Das Bild verstärkt sich noch am Abend, wenn Fenster und Brüstungsbänder erleuchtet sind. Aus anderer Perspektive scheint der bumerangförmige Hauptbaukörper rotieren zu wollen, mit dem leuchtenden Turm als Drehachse.

Es ist kein konventionelles Haus, mit Wänden, Stockwerken und einem Dach, vielmehr besteht es aus gestapelten Glas- und Betonscheiben. Eine schiefe Ebene durchschneidet das Bauwerk und entwickelt sich rückseitig zum Dach des Parkdecks, unter dem auf zwei Geschossen 400 Parkplätze bereit stehen. Ohne Verzug erreichen die angereisten Kunden das Ziel ihrer Wünsche. Parkhaus und Verkaufsgebäude bilden eine funktionale und gestalterische Einheit, dieser Vorzug brachte dem Entwurf einen ersten Preis des Renault Traffic Design Award 2006 ein, dessen Jury die überzeugende Kreation des neuen Bautyps Outlet-Center würdigte.

Kurzparkplätze gibt es auf der Piazza für eilige Besucher, gleich daneben die Einfahrt ins Parkdeck und von dort zur Tiefgarage im Untergeschoss, die den Schematismus rechtwinkliger Parkhäuser vergessen lässt. Die Stützen ungewohnt dünn, die Treppen als

With the factory outlet centre of the sporting goods giant Adidas, built at the headquarters of the enterprise in Herzogenaurach near Erlangen, Wulf & Partner recently grasped the opportunity to translate into a project the dynamic dimension in architecture. It is the structure on the firm's World of Sports premises that most closely corresponds to the idea of a semiotic link between sport and architecture. Speed, dynamism, even meteoric rapidity, as they are expressed here, seem to correlate directly with the idea of sport.

The idea is the first thing to meet the observer's eye, as soon as one approaches by car, positively intrudes upon it, so that almost all visitors to the building experience it in a similar manner: like the frozen movement of a train rushing past, which one perceives only as a few streaks. The streaks are the base and the parapet of the upper floor, as well as the fine edge of the roof, separated here and there by uninterrupted ribbon windows. The image is even stronger at night, when the windows and parapets are illuminated. From another perspective the boomerang-shaped main building seems to want to rotate, with the shining tower as its rotation axis.

This is not a conventional building with walls, floors and a roof; rather it consists of stacked panels of glass and concrete. A diagonal level cuts through the building and develops at the back into the roof of the parking level, under which 400 parking spaces are accomodated on two floors. Arriving clients reach their desired goal without delay. The car park and sales building form a functional and creative unit, an advantage which gained the design a first prize of the Renault Traffic Design Award for 2006, whose jury paid tribute to the convincing creation of the new outlet centre building type.

Short-term parking spaces are available on the piazza for visitors in a hurry, and right next to them is the entrance into the parking level, and from there to the underground car park in the basement, which banishes the idea of the pattern of rectangular car parks. The supports are unusually thin, the stairs are protruding beam steps with filigree wire balustrades of a certain elegance not to be expected in a car park. The view is undisguised, orientation is

auskragende Balkenstufen mit filigranen Drahtgeländern von einer gewissen, in einer Garage nicht erwarteten Eleganz, die Sicht unverstellt, die Orientierung problemlos möglich, nichts wurde unterlassen, um dem Besucher das beklemmende Gefühl zu nehmen, das Tiefgaragen zumeist erzeugen. Intensiv bunte Böden, orangefarben im Untergeschoss, hellgrün auf dem oberen Deck, färben mit ihrem Reflexionslicht den Raum und entwickeln eine ganz ungewohnte Atmosphäre, die erwartungsfroh stimmt. Die Böden, in der Art von Tartanbahnen im Stadion markiert, sind schon erste Vorboten der Sportwelt, die den Besucher erwartet. Sascha Lobe mit seinem Team L2M3 Kommunikationsdesign benutzte für das Leitsystem Motive aus dem Sport und fügte narrative Elemente aus der Sportgeschichte hinzu, wie zum Beispiel legendäre Spielzüge bei der Fußballweltmeisterschaft 1978 in Mexiko, dargestellt als Fußabdruck-Schaubilder auf dem Boden und erläutert durch Kommentare, oder Diagramme, die Ballwechsel von Boris Becker oder Steffi Graf in Wimbledon samt Sohlenabdruck ihrer speziell angefertigten Schuhe zeigen.

Das begrünte Deck umgreift mit einer großen Geste den Hof, eine Piazza, oder soll man sagen: ein Sportfeld? Der Platz ist von Tribünenrängen umfangen. Eine Videowand oben am Treppenturm zeigt Stadionszenen als Dauerprogramm, das ganze Szenario bereitet auf das sportliche Einkaufserlebnis vor. Neonrote Slalomstangen markieren die Position von versenkten Bodenvitrinen, in denen jeweils ein historischer Fußball zu sehen ist. Sie weisen den Weg über die Piazza hinüber zum Eingang.

Drinnen ist auch der Raum in Bewegung; die Tribüne durchstößt die Glaswand und zieht sich in den Verkaufsraum hinein. Im Inneren ist sie Tribüne für allerlei Sportzubehör und bildet gleichzeitig eine breite Treppe, die in die Galerie des Verkaufsraums übergeht und den Kunden einen Rundgang in Form einer dreidimensionalen Schlaufe anbietet.

Beton, Glas und schwarzen Estrich, mehr benötigt die Architektur nicht, um das bunte Warenangebot in Szene zu setzen. Der Sicht-

unproblematic; nothing has been omitted to dispel that oppressive feeling usually created by underground car parks. Intensely bright-coloured floors, orange in the basement, light green in the upper area, colour the space with their reflected light and develop a quite unfamiliar atmosphere which creates a mood of cheerful anticipation. The floors, like tartan tracks in a stadium, are the first heralds of the sporting world that awaits the visitor. Sascha Lobe, with his team L2M3 Kommunikationsdesign, used motifs from sport for the guide-system and added narrative elements from sport history, such as legendary moves from the 1978 football world championship in Mexico, depicted as footprint graphs on the floor and interpreted by commentaries or diagrams, the rallies of Boris Becker and Steffi Graf at Wimbledon, along with the impression of the soles of their specially made shoes.

The greenery-planted deck encompasses, with a grand gesture, the courtyard, a piazza, or shall we say a sports field? The area is enclosed by rows of stands. A video wall above on the stair tower shows a permanent programme of stadium scenes. The whole scenario is a preparation for the sports shopping experience. Neon-red slalom poles mark the position of sunken floor display cases, in each of which a historic football can be seen. They mark the path across the piazza towards the entrance.

Inside the building, space is also in motion. The sports stand passes through the glass wall and extends into the sales space. Inside, it becomes a stand for all kinds of sporting equipment and at the same time forms a wide staircase, which continues into the gallery of the sales hall and offers the customer a round trip in the form of a three-dimensional loop.

Concrete, glass and black composition flooring: no more is needed by architecture in order to set the scene for the colourful wares on offer. The exposed concrete determines the character of the space, the walls, the undisguised ceilings, the mushroom supports. The contrast to this is provided by the exterior walls of translucent, greenish shimmering industrial glass, behind which stylized long-

beton bestimmt den Charakter des Raumes, der Wände, der unverkleideten Decken, der Pilzstützen. Den Kontrast dazu liefern die Außenwände aus durchscheinendem, grünlich schimmerndem Industrieglas, hinter dem schemenhafte Weitspringer auftauchen und wieder verschwinden. Der sonderbare Effekt ergibt sich durch Interferenzen der auf vertikale Lamellen gedruckten Figuren im Zwischenraum der Lamellenglasfassade. Die Glaswand ist nicht mehr abschottende Wand, sondern wird zum Medium, zur permeablen Membran zwischen Innen und Außen, zur Kommunikationsebene, die schon von außen neugierig macht auf die Verheißungen der bunten Warenwelt im Inneren.

Zur Unterstützung der Kauflaune wird die Sphäre des Sports zusätzlich in vielfacher Weise künstlerisch inszeniert. Gläserne Röhren, die von der Decke hängen, sind mit Monitoren und Lautsprechern bestückt und erzählen unablässig berühmte Episoden aus der Geschichte des Sports. Auch im Foyer huschen sportliche Schemen über die Wände, in Bewegung gebracht durch den Moiré-Effekt der zweischichtigen, mit Punktrastern bedruckten Glastafeln. Die Ab-

jumpers appear and again vanish. This strange effect is created by interferences by the figures printed on vertical slats in the intervals of the slatted glass façade. The glass wall is no longer a partition wall, but becomes a medium, a permeable membrane between interior and exterior, a level of communication, which from the outside already arouses our curiosity about the promise of a colourful world of wares to be found inside.

To support the shopping mood, the sphere of sport is additionally presented by varied artistic means. Glass tubes hanging from the ceiling are equipped with monitors and loudspeakers and continually recount famous episodes from the history of sport. In the foyer, too, sporting themes flit over the walls, set into motion by the moiré effect of the two-layered glass sheets printed with a dotted pattern. This distraction, stimulus, regeneration, or at least interruption of the actual process of searching and buying by means of artistic effects was conceived by Thomas Hundt of Jangled Nerves.

lenkung, Anregung, Erholung, jedenfalls Unterbrechung des eigent-
lichen Such- und Kaufvorgangs durch künstlerische Effekte hat sich
Thomas Hundt von Jangled Nerves ausgedacht.

Zur Ruhe kommen die Käufer nach getaner „Arbeit" dann wieder
in der Cafeteria, die mit einer kongenial schrägen Einrichtung aus-
gestattet ist. Danach schlendert man wieder zum Auto, vielleicht
aufgehalten durch ein paar Würfe in einen Basketballkorb auf dem
Vorplatz oder einige Dribblings um die Slalomstangen mit dem neu
erstandenen Ball vor dankbarem Publikum, das sich auf der Tribüne
sonnt.

Vom funktionalen Ablauf des Kundenbesuchs über die atmosphä-
rische Aufladung der Räume, die semantischen Botschaften von
Architektur und Design bis zur Inszenierung der künstlerischen Aus-
stattung entstand gesamtheitlich gedachte und bedachte Architektur und eine Interpretation des Typus Factory-Outlet von seltener
Schlüssigkeit und Logik.

After completion of business, buyers then return to the cafeteria,
which is furnished with a congenially oblique design. Then they
stroll back to their cars, perhaps detained by a few throws into a
basketball basket on the forecourt or a couple of dribbles around
the slalom piles with the newly acquired ball in front of the grateful
audience sunning itself on the stands.

From the functional course of the client's visit to the atmospheri-
cally charged spaces, the semantic messages of architecture and
design to the presentation of the artistic furnishing, there has re-
sulted a thoroughly thought-out and well considered architecture,
and an interpretation of the factory outlet theme of rare conclusive-
ness and logic.

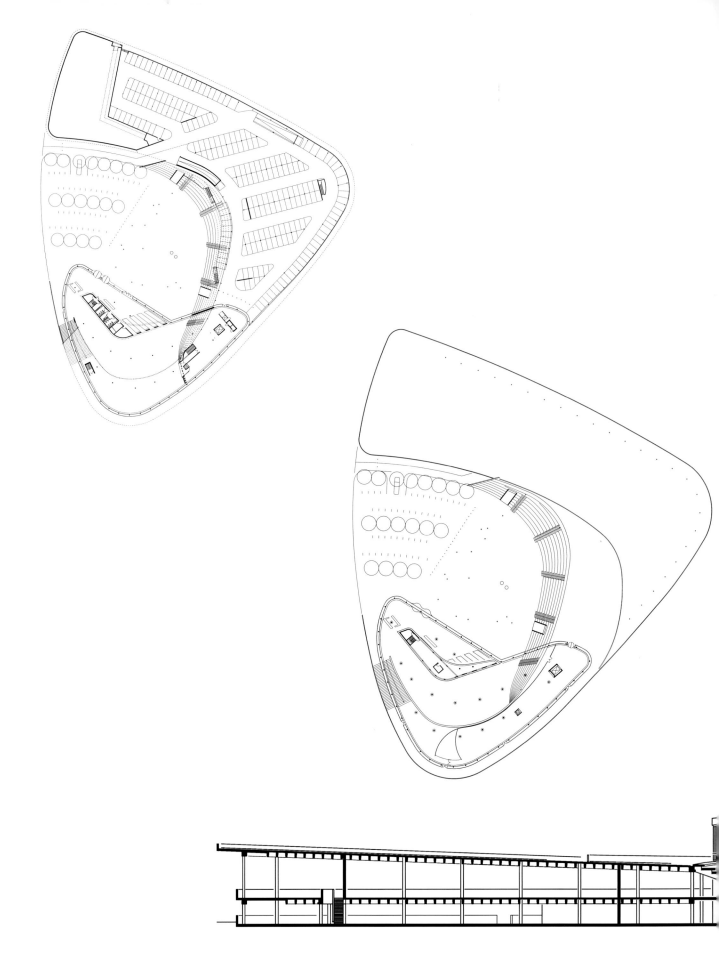

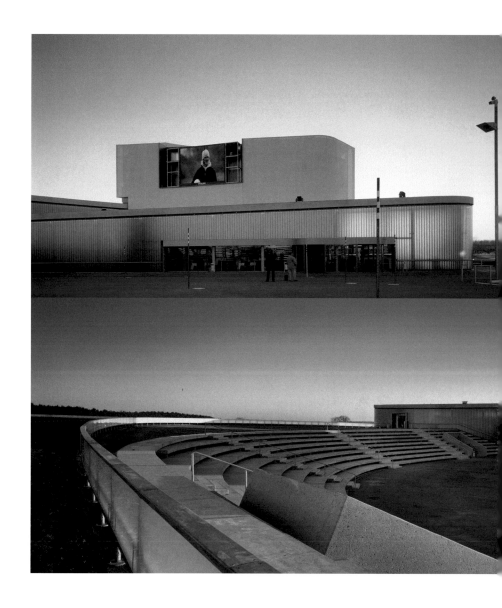

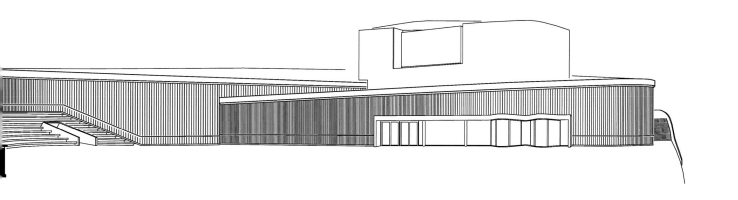

NEUE MESSE, STUTTGART

Ein Stück Messe komplett, einschließlich Kongresszentrum, ein solcher Auftrag ist auch für erfolgreiche Architekturbüros kein Alltagsgeschäft. In Stuttgart war man Ende der 1990er Jahre zu der Erkenntnis gelangt, dass es mit der alten Messe auf dem Killesberg, die aus einer Reichsgartenschau hervorgegangen war, nicht mehr weitergehen könne. Stünden die in den 1950er Jahren gebauten Hallen noch unverändert, man würde das Ensemble heute unter Denkmalschutz stellen, denn die Bauten entbehrten nicht architektonischer Qualitäten und einer gewissen Eleganz, wie sie häufig in der damaligen Baukunst anzutreffen war. Doch die Messe musste umbauen, anbauen und erweitern, sie wucherte nach innen und nach außen in den Park und stellte sich schließlich als ein unüberschaubares, labyrinthisches Konglomerat aus Zutaten mehrerer Jahrzehnte dar. Architektonisch längst Mittelmaß, stellte sie Nutzer und Besucher funktional und organisatorisch auf eine harte Probe.

Eine Radikallösung war also gefragt und es gehört zu den großen Leistungen der baden-württembergischen Landespolitik, der Region und der Stadt, den neuen, optimalen Standort gefunden und politisch durchgesetzt zu haben.

Als dann der Architektenwettbewerb zur Neuen Landesmesse Stuttgart im März 1999 ausgelobt wurde, machten sich 108 Teams im ersten Durchgang Hoffnung auf den Sieg oder wenigstens einen der Preise. 29 Arbeiten waren in der zweiten Phase zu beurteilen, drei von ihnen gingen in der ersten Preisgruppe durchs Ziel. Neben Wulf & Partner mit Adler + Olesch, Landschaftsarchitekten aus Nürnberg, wurden Theo Hotz aus Zürich mit Raderschall Landschaftsarchitekten aus Meilen sowie Kaup Scholz Jesse + Partner aus München mit Landschaftsarchitekt Peter Kluska, München, mit einem Pflichtenheft voller Verbesserungswünsche in eine dritte Runde geschickt.

Die Jury unter dem Vorsitz von Fred Angerer entschied sich am Ende nicht für den vordergründig ökonomischsten und politisch opportunsten, sicher jedoch für den attraktivsten und virtuosesten der Entwürfe, woraufhin sich die verantwortliche Politik kurz irritiert zeigte, sich dann aber rasch mit dem Ergebnis arrangierte. Schnell wurde nämlich klar, dass der im Bau etwas teurere Entwurf ent-

A complete exhibition centre, including a conference centre – not an everyday commission, even for a successful architectural firm. In Stuttgart in the late 1990s it was realized that the Messe, the old trade fair site on the Killesberg, which had emerged from a horticultural show of the old Reich, could no longer be used. If the halls built in the 1950s were still standing unchanged, the whole complex would today be under a preservation order, for the buildings were not without architectural merit and a certain elegance, such as was frequently to be found in the architecture of the day. But the Messe had to be rebuilt, converted and extended, it proliferated both inside and outside into the park, and finally represented an immense, labyrinthine conglomerate made up of components from several decades. Architecturally mediocre for some time, functionally and organizationally it put users and visitors to a severe test.

A radical solution was therefore necessary, and it is among the great achievements of the national politics of Baden-Württemberg, the region and the city, to have found the new, ideal site and gained political acceptance for it.

When the architectural competition for the Neue Landesmesse Stuttgart was announced in March 1999, 108 teams took part in the first round in the hope of victory or at least one of the prizes. In the second round, 29 entries came through to be judged, of which three went through to the third, prizewinning round. Apart from Wulf & Partner with Adler + Olesch, landscape architects from Nuremberg, those going through to the third round, with a number of client requirement specifications full of suggestions for improvements, were Theo Hotz from Zürich with Raderschall, landscape architects from Meilen, and Kaup Scholz Jesse + Partner from Munich, with landscape architect Peter Kluska of Munich.

The jury, under its chairman Fred Angerer, in the end decided in favour not of the superficially most economical and politically convenient design, but certainly of the most attractive and virtuoso one, to the initial annoyance of the responsible authorities, who then, however, rapidly came to terms with the outcome. It soon became clear that the somewhat more expensive design promised deci-

scheidende Vorteile versprach: eine signifikante Architektur, die sich imagefördernd vermarkten lässt, und funktionale wie betriebstechnische Vorzüge, die sich positiv auf die Betriebskosten auswirken. Eine Besonderheit gegenüber allen anderen deutschen Messen ist die Höhendifferenz auf dem Grundstück, 20 Meter, die die Architekten nicht als Hindernis, sondern als Chance gesehen haben und funktional in ihr Konzept einbauten. Zwischen den beiden Hallenreihen entstand der Messepark, der sich auf dem Parkhaus fortsetzt und bis in die Felder zu reichen scheint. Zwischen den beiden Armen des Parkhauses weist die Achse der Messe über die Felder in Richtung Osten, mit dem optischen Zielpunkt des Kirchturms von Plieningen, während sie in Richtung Westen zum Kirchturm von Echterdingen weist.

Durch die topografische Bewegung erhielt die Messe den Landschaftsbezug und erfuhr eine maßstäbliche Gliederung, auch dies ein Vorteil gegenüber den ungeteilten, seriell endlos scheinenden Anlagen anderer Messen.

Doch auch das Bild, das sich schon beim Anflug auf den benachbarten Flughafen Echterdingen bietet, das Bild von einer Landschaft beschwingter Dächer und das eindrucksvolle Parkhaus, das mit

sive benefits: a significant architecture, which could be marketed in an image-fostering way, and both functional and technological advantages, which had a positive influence on operating costs. One peculiarity in contrast to all other German trade fairs is the difference in height of the site, 20 metres, which the architects saw not as a hindrance but an opportunity, and built in functionally to their concept. Between the two rows of halls the exhibition park was created, which is continued in the car park and seems to extend into the fields. Between the two arms of the car park, the axis of the Messe points eastwards across the fields, with the Plieningen church tower as its visual landmark, while in a westward direction it points to the church tower of Echterdingen.

Through topographic movement, the Messe gained its landscape context, and experienced a full-scale structure, another advantage in contrast to the undivided, apparently serially endless layouts of other exhibition centres.

But in addition, it is the image that emerges as soon as one flies in to the nearby Echterdingen airport, the image of a landscape of lively roofs, and the impressive car park, which extends with two gigantic 'fingers' over the motorway and has become a landmark for

zwei riesigen „Fingern" über die Autobahn greift und für alle Auto-fahrer zur Landmarke geworden ist, machen die Messe zum unverwechselbaren Ort.

Die Insignien der Messe sind auf der Piazza versammelt, die das Entree bildet. Sie heißt willkommen, mit all den Attributen des Messebetriebs, mit Fahnen und Hinweisstelen, aber auch mit den temporären Elementen eines Marktbetriebes, mit denen jede einzelne Veranstaltung auf sich aufmerksam macht. Das Foyer ist bewusst nicht als symbolisches Tor, als der große Schlund gestaltet, der die Menge der Besucher einfach „verschluckt".

Auf der Piazza – sie ist wie ein Ausschnitt der Erdkugel konvex gewölbt, das soll den Blick weiten – sieht sich der Ankömmling mit einer subtilen Entscheidungssituation konfrontiert. Die Alternativen stehen klar vor Augen, das Kongresszentrum mit seiner dominanten Panoramafront, der Haupteingang mit seiner Empfangshalle, das Parkhaus, das auch die Fluggäste benutzen, und das Verwaltungsgebäude der Messe. Es gibt keine Irritationen, keine Orientierungsschwierigkeiten, keine Umwege, Hinweisschilder sind nicht notwendig.

Im Inneren, nach Durchschreiten der großen Glaswand des Foyers, wird die additive, funktionalistische Architekturauffassung, die dem Entwurf innewohnt, deutlich. Ein weiter Raum öffnet sich, eingestellte Elemente bedienen die Funktionen, der Blick wendet sich nach links zum Kongresszentrum, nach rechts zur Hochhalle, geradeaus die breiten Treppen hinab zum Basement des Foyers und weiter zum Innenhof, dahinter staffeln sich beiderseits die Standardhallen den Hang hinauf. Über Kopf schwebt eine Empore mit Serviceräumen. Die Treppen, die hinaufführen, stehen wie elegante Skulpturen zu beiden Seiten parat. Die Transparenz als morphologisches Phänomen im Sinn von Colin Rowe und Robert Slutzky ist evident. Die Räume erscheinen geschichtet, die Erwartung räumlicher Tiefe reduziert sich beiderseits durch die Türöffnungen zu Andeutungen, steigert sich zur Gewissheit halblinks und halbrechts bei der Wahrnehmung der Gänge Richtung Messehallen und wird

all motorists, that make the Messe into an unmistakeable location. The insignia of the Messe are gathered on the piazza that forms the entrance area. This offers a welcome with all the attributes of a trade fair, with banners and signboards, but also with the temporary elements of a market, where each individual function draws attention to itself. The foyer is consciously not designed as a symbolic gate, as the great chasm that simply 'swallows' the mass of visitors.

On the piazza, which is convexly vaulted like a section of the globe, with the intention of expanding the view, the arriving visitor is confronted with a subtle decision. The alternatives are obvious to the eye: the conference centre with its dominant panoramic frontage, the main entrance with its reception hall, the car park that is also used by air passengers, and the administration building of the Messe. There are no irritations, no difficulties in orientation, no detours, and no need for directional signs.

Inside, after you walk through the great glass wall of the foyer, the additive, functionalist architectural concept that inhabits the design becomes clear. A further space opens up, regulated elements serve the functions, the visitor's gaze turns left towards the conference centre, right towards the high-ceilinged hall, straight ahead down the broad staircase to the basement of the foyer and further to the inner courtyard, behind which the standard halls are ranged on both sides up the slope. Above one's head floats a gallery with service areas. The steps that lead up stand ready on both sides like elegant sculptures. Transparency as a morphological phenomenon in the sense of Colin Rowe and Robert Slutzky is evident. The spaces seem to be layered, the expectation of spatial depth is reduced on both sides through the door openings the forks half-left and half-right increase it on becoming aware of the passages leading to the exhibition halls, and it becomes a fact on looking into the central inner courtyard, whose spatial continuum extends over the cascades of water and the garden right up to the sky.

The passages have glass walls against the green axis and suspended ceilings which vary the principle of the staggered layers and

zur Tatsache beim Blick in den zentralen Innenhof, dessen Raum-kontinuum sich über die Wasserkaskaden und den Garten bis in den Himmel erweitert.

Die Gänge haben gläserne Wände gegen die Grünachse und ab-gehängte Decken, die das Prinzip der gestaffelten Schichten und Scheiben variieren. Durch die Abschüssigkeit des Grundstücks stehen die Hallen auf drei unterschiedlichen Niveaus, was an den Geländesprüngen die Schaffung von Lagerräumen ermöglichte, die als ausstellungsnahe Pufferflächen zwischen zwei Messen hoch willkommen sind. Zudem nutzten die Architekten die Chance, an dieser Stelle die Hallenanlage durch Anlieferstraßen ohne den Bau teurer Tunnel zu queren. Schließlich dienten die beiden Niveau-sprünge dazu, um in der Querspange zwischen den Hallenreihen gedeckte Querverbindungen und Restaurants mit Ausblick ins Grüne anzuordnen, die im Sommer sogar Gartenbetrieb anbieten können. Hohe, schräg stehende Lichtkuppeln ragen oben aus dem Dachgarten, versorgen die Restaurants mit zusätzlichem Zenitlicht und helfen, den Untergeschosscharakter zu vermeiden.

Die Standardhallen haben einen zeltartigen Innenraum, denn die Dächer hängen wie Teppiche über Teppichstangen. Die Hängewerke benötigen kaum Konstruktionshöhe, keine Träger oder Unterzüge, lediglich dünne Zugbänder und eine feine Unterspannung, die op-tisch kaum ins Gewicht fällt und den Raumeindruck nicht verändert. Eindrucksvolle haushohe Böcke aus dicken Stahlrohren stemmen die horizontalen Fachwerk-Randträger in die Höhe, an denen die Zugglieder der Dachkonstruktion aufgehängt sind. Die Lüftung ist unauffällig und gut aufgeräumt in den Längswänden der Halle un-tergebracht, deren Gliederung die ordnende Hand des Architekten verrät. Alle störenden Details und Gerätschaften sind verhehlt oder wenigstens in gutes Design gekleidet.

Die Dachflächen wurden aus Gründen der Ökologie und des Wär-mehaushalts zum Teil begrünt, zum Teil zur Nutzung mit Solarkollek-toren verpachtet, optischer Ausdruck einer Grundhaltung der Archi-tekten, die den gesamten Entwurf und den Ausbau bestimmte. So

panels. Because of the sloping nature of the site, the halls stand on three different levels, which facilitated the creation of storage spaces in the cracks of the terrain, very welcome as buffer areas close to the exhibition between two fairs. In addition the architects made use of the opportunity to traverse the hall layout at this point by delivery routes without the need to build costly tunnels. Finally, the two gaps in the levels served to arrange the covered connec-tions and restaurants in the bracket between the rows of halls, with a view of the green area, that in the summer can even offer a mar-ket garden. Tall, diagonal domed rooflights tower up from the roof garden, provide the restaurants with additional zenith light and help to avoid a basement character.

The standard halls have a tent-like inner space, as the roofs hang like carpets over a frame. The hanging elements hardly need struc-tural height, support or joists, only thin straps and a fine suspen-sion structure that is visually of little consequence and does not change the impression of the space. Impressive supports of the height of the building made of thick steel tubes lift up the horizontal edge support framework on which the tension members of the roof structure are suspended. The ventilation is unobtrusively and tidily accommodated in the longer walls of the hall, whose structure be-trays the organizing hand of the architect. All intrusive details and utensils are concealed or at least clothed in good design.

The roof areas were partly planted with grass for reasons of ecol-ogy and temperature regulation, partly devoted to the use of solar collectors, the visual expression of the basic approach of the archi-tects, which determined the entire design and its execution. Thus the halls, above all in the predominant periods of time when it is not used as an exhibition centre, for ecological reasons but also reasons of industrial psychology, are lit by natural light along the front walls and the upper storeys of the longitudinal walls. When required, however, the halls can be almost entirely screened from daylight by blackout systems. Hall 1, can also be blacked out up to the lighting tracks above the main girder in the centre of the hall.

werden die Hallen, vor allem in den weitaus überwiegenden Zeitabschnitten ohne unmittelbaren Messebetrieb, aus ökologischen, aber auch aus arbeitspsychologischen Gründen über die Stirnwände und die Obergaden der Längswände natürlich belichtet. Bei Bedarf allerdings können die Hallen durch Verdunklungseinrichtungen fast vollständig vom Tageslicht abgeschottet werden. Auch die Halle 1 ist bis auf die Lichtraupe über dem Hauptträger in der Hallenmitte zu verdunkeln. Intern auch „Hochhalle" genannt, ist diese im Prinzip eine verdoppelte Standardhalle, bei der zwei Hängedächer gegeneinander gewendet an einem gemeinsamen Stahlfachwerkträger von beeindruckenden Dimensionen hängen. Sie bietet mindestens 14 Meter lichte Höhe für Ausstellungsinstallationen sowie Fläche für Publikumsveranstaltungen mit bis zu 17.000 Besuchern.

Ein gänzlich neues architektonisches Element ergänzt das Ensemble in Form des Parkhauses, das sich östlich an die Messeanlage anschließt. Zwei stählerne „Finger" in der Größenordnung von Eisenbahnbrücken schieben sich über Autobahn und ICE-Trasse und enden am jenseitigen Brückenkopf in Rampenspindeln. Es sind geschweißte Stahlfachwerkkonstruktionen, die auf sechs Parkdecks insgesamt 4000 PKWs aufnehmen. Mit ihrer zeichenhaften Form und der Lage über der vielbefahrenen Verkehrsverbindung sind sie rasch zum Wahrzeichen der Messe geworden.

Die Messe, in ihrer formal disziplinierten Architektursprache und ihrer konsequenten ökologischen Konzeption, ist folgerichtig aus der Arbeit und Haltung des Büros entwickelt. Mit ihrer Dimension und ihrer signifikanten Disposition hat sie, mehr noch als frühere Bauten des Trios, die Außenwahrnehmung des Büros Wulf & Partner neu bestimmt und gestärkt.

Internally also called the "Hochhalle" or main hall, this is in principle a double standard hall, in which two suspended roofs facing each other hang from a common steel-framed girder of impressive dimensions. It provides a height of at least 14 metres for exhibition installation as well as an area for public events with up to 17,000 visitors.

A totally new architectural element extends the complex in the form of the car park, which is annexed to the Messe building to the east. Two steel 'fingers' of the size of railway bridges protrude over the motorway and ICE (InterCity Express) line, ending at the opposite end of the bridge in ramp shafts. These are welded steel-framed structures that accommodate a total of 4,000 vehicles on six parking levels. With their emblematic form and their position above the busy public transport connection they have rapidly become a symbol of the Messe.

The Messe, in its formally disciplined architectural language and its consistent ecological concept, has been developed logically from the work and approach of the firm. With its dimensions and its significant arrangement it has, even more than the trio's earlier structures, newly determined and strengthened the public perception of the firm of Wulf & Partner.

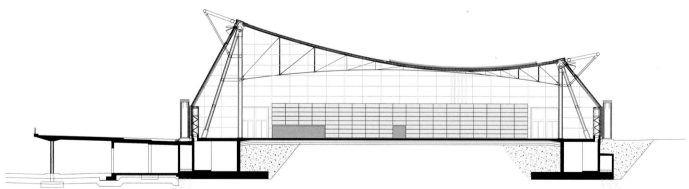

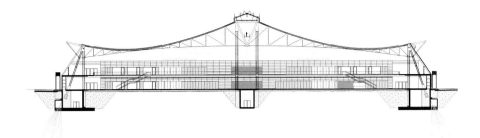

Plejescentrum / Plejes Center

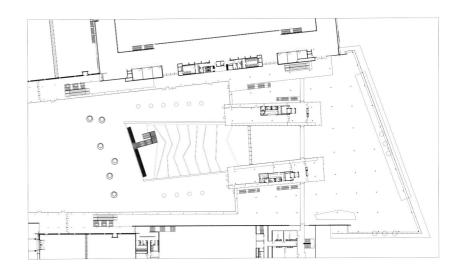

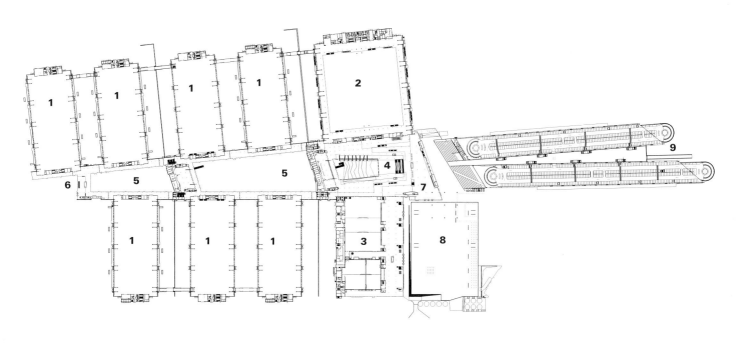

STADTWERKE, ETTLINGEN
ETTLINGEN MUNICIPAL UTILITIES

Riegel, Prisma, Kreis, Dreieck, Bogen und gebogenes Rechteck, dies sind die geometrischen Elemente, aus denen der Grundriss komponiert ist. Es sind die unterschiedlichen Funktionen, die jeweils eine eigene baukörperliche Ausprägung gefunden haben. Die einzelnen Kuben des Gebäudekomplexes, der Riegel als einhüftig erschlossenes Verwaltungsgebäude, die Werkstatthallen unterschiedlicher Tiefe und das zwischengeschobene gläserne Prisma des 100 Meter langen Grünhauses sowie die vorgeschobene Rotunde des Kasinos, sind jedoch nicht als stereometrische, massive Volumina ausgeführt, sondern als vielfach durchbrochene, geschichtete und transparente, teils schwebende, leichte, fast flirrende Körper formuliert, denen alle Erdenschwere fremd ist. Le Corbusiers Piloti und seine Fensterbänder, im Inneren seine Farbwände und sogar die aus archaischen Industrierohren zusammengeschweißten Heizkörper kommen beim Verwaltungstrakt zur Sprache. Das Grünhaus mit seinem Gewächshauscharakter und die leichte, mit lockerer Hand komponierte Stahlkonstruktion, die das Kasino und die leicht technizistisch wirkenden Hallen prägt, sind dagegen eher der südwestdeutschen Behnisch-Schule zuzurechnen. Diesen Charakter unterstützt auch die Farbgebung mit den lasierten Betonwänden, die auf den Farbgestalter Fritz Fuchs aus Järna/Schweden zurückgeht.

Die komplexe, gleichwohl systematische Geometrie des Kasinos ist aus der etwas verschobenen Überlagerung eines 12- und eines 24-Ecks entwickelt worden. Rationalistische, klare und simple Konstruktionsformen lagen nicht im Interesse der Architekten, stattdessen Vieldeutigkeit, Vexierbilder, Durchblicke und offene, kommunikative Räume

Das Grünhaus fungiert als „Sonnenfalle" und ist Bestandteil des frühen Energiekonzeptes, wie es 1991 noch selten entwickelt wurde. Das Grünhaus verbindet das Foyer mit den Verwaltungseinheiten und den Schulungsräumen einerseits und mit dem Kasino sowie den Werkstätten andererseits. Es ist Erschließungszone und Erholungsort, grüne Lunge und Klimapuffer – und nicht zuletzt ein anregendes Architekturerlebnis.

Slab, prism, circle, triangle, curve, and curved rectangle: these are the geometrical elements of which a ground-plan is composed. They are the various functions which have each found an expression in the structure of this building. The individual cube of the building complex, the slab, an individually accessible administration building, the workshop halls of varying depth and the glass prism inserted between them of the 100-metre-long greenhouse, as well as the protruding rotunda of the casino, are however not executed as strictly measured solid volumes, but as bodies broken through in many places, layered and transparent, partly floating, light, almost shimmering, to which all terrestrial gravity is foreign. Le Corbusier's pilotis and his window bands, his coloured interior walls and even the radiators welded together from archaic industrial tubes come into play in the administration area. The greenhouse with its hothouse character, and the light, loosely composed steel construction which characterizes the casino and the halls with their somewhat technological effect, are on the other hand rather to be attributed to the southwest-German Behnisch school. This character is also supported by the colouration with the varnished concrete walls, which goes back to the colour designer Fritz Fuchs from Järna in Sweden.

The complex though systematic geometry of the casino has been developed from the somewhat shifted superimposition of a 12-sided and a 24-sided figure. Rationalistic, clear and simple structural forms were not in the interest of the architects, but rather ambiguity, puzzle pictures, extensive views and open, communicative spaces.

The greenhouse acts as a sun-trap and is a component of an energy-saving concept, such as was seldom being realized in 1991. The building links the foyer with the administrative units and training rooms on the one hand and the casino and workshops on the other. It is a zone of development and recuperation, a green lung and a climate buffer – and, not least, a stimulating architectural experience.

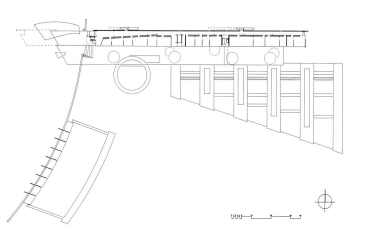

AOK-BILDUNGSZENTRUM, PFEDELBACH
AOK EDUCATIONAL CENTRE, PFEDELBACH

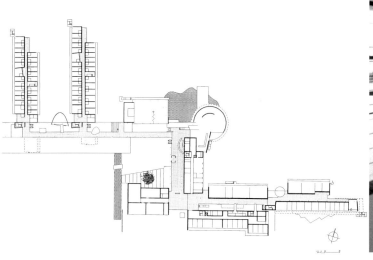

Am Rand des dörflich geprägten Ortsteils Untersteinbach war eine bestehende Anlage aus dem Jahr 1964 – Bildungsbau, Internatsbau und Wohnhausgruppe – um Seminargebäude, Tagungssaal, ein Kasino und weitere Wohntrakte zu erweitern. Beiderseits der alten Gebäude wurden zweigeschossige Flur- und Kommunikationsspangen angefügt, an denen die drei neuen Internatsgebäude „andocken". Das zentrale Foyer verknüpft den Seminar- und Tagungsbereich mit den Gemeinschaftseinrichtungen wie dem runden Speisesaal, dem Bistro und der Kegelbahn. Die Kommunikationszonen mit Fernseh-, Musik- und Leseräumen stellen die Verbindung zu den Wohnbereichen her.

Die weiträumig angelegten, in der Höhenentwicklung eng begrenzten Gebäudetrakte liegen wie eingebettet in der Landschaft und treten durch ihre transparente Pavillonbauweise in eine intensive Wechselbeziehung mit der Natur. Umgebender Raum und Bauwerk werden durch die Auflösung und Öffnung der Baukörper miteinander verschränkt. Durch das Verschieben der beiden Bünde und die Auskragung lösen sich die Internatstrakte an der Stirnseite regelrecht auf. Die Dachscheiben aus leichten Holzplatten scheinen über den Gebäuden zu schweben. Vor den Zimmern sorgen die vorgehängten Balkone und Laubengänge mit Sonnenschutz als ephemere Raumschicht für einen gleitenden Übergang zwischen

On the edge of the Untersteinbach district, which has the character of a village, an existing complex dating from 1964 – educational building, residential college and group of dwellings – was to be extended to include a seminar building, assembly hall, a casino and further residential areas. On both sides of the old building, two-storey corridor and communication links were added, as 'docking stations' for the three new college buildings. The central foyer links the seminar and assembly area with the community areas such as the circular dining room, the bistro and the bowling alley. The communication zones, with television, music and reading rooms, create the link with the residential areas.

The spaciously designed building areas, narrowly limited in the high-rise development, lie as though embedded in the landscape and with their transparent pavilion-style structure enter into an intensive reciprocal relationship with nature. The surrounding space and building structures are folded into each other by the loosening and opening up of the buildings. Through the shifting and cantilevering of the two units, the college areas are entirely disintegrating on the front side. The roof panels, made from light wood, seem to float above the buildings. In front of the rooms the protruding balconies and access balconies with shelter from the sun provide an ephemeral layer of space for a smooth transition between interior

Innen- und Außenraum. Fast schon Freizeitarchitekturqualitäten mit Rundumsicht in die Natur besitzt der runde Pavillonbau des Kasinos, in dessen Erdgeschoss das Bistro mit direkt an einem Zierteich gelegenen Terrassen aufwartet.

Die Materialpalette beschränkt sich auf möglichst wenige möglichst naturbelassene Baustoffe, Sichtbeton, Schiefer, grau gestrichener Stahl. Viel Holz kam zum Einsatz, als Parkett und Trennwandverkleidung, als Deckenverkleidung, bei den Fenstern und sogar als Rundholzstützen des ansonsten aus Stahl konstruierten Tragwerks im Foyer.

and exterior space. The circular pavilion structure of the casino has almost the qualities of leisure architecture, with a panoramic view of nature. On its ground floor, the bistro awaits with its terraces directly adjoining an ornamental pond.

The palette of materials is restricted to those left as far as possible in a natural state, such as exposed concrete, slate, and grey-painted steel. Much wood was used, as parquet flooring and cladding for dividing walls, as ceiling cladding, in the windows, and even as pole supports of the supporting structure of the foyer, otherwise constructed of steel.

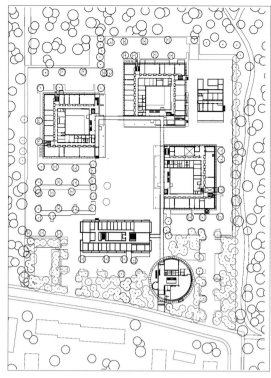

Im Unterschied zum Altbau, einem fünfgeschossigen, blockhaften Gebäude mit Dreibunderschließung, sind die drei dreigeschossigen Laborgebäude als Atriumtypen ausgebildet und der vierte Neubau, das Leitungs- und Verwaltungsgebäude, als runder Pavillon am Entree der Anlage. Der Altbau wird wie selbstverständlich in die Häusergruppe aufgenommen, die sich um eine grüne Mitte formiert. Alle Gebäude öffnen sich mit raumhoch verglasten Fassaden zum umgebenden Wald. Ein gläserner Verbindungsgang verknüpft alle Gebäude miteinander. Offenheit und Transparenz bestimmen die Räume. Die Labors liegen an den Außenseiten, Büros und Nebenräume sind den Atrien zugewandt. Offenliegende, leicht modifizierbare Installationen prägen die Laborräume. Hochwertige Materialien, Eichenholz, Stahl, Edelstahl, Streckmetall und Linoleum in authentischen Naturfarben erzeugen eine gediegene Atmosphäre, die mit der Leichtigkeit und Transparenz der die Grenze zwischen innen und außen überspielenden reflektierenden Glasebenen kontrastiert. Die künstlerischen Lichtinstallationen Reiner Bergmanns verstärken diese Effekte in der Dämmerung und am Abend.

ERWEITERUNG BAYERISCHES LANDESAMT FÜR GESUNDHEIT UND LEBENSMITTELSICHERHEIT, ERLANGEN
EXTENSION OF THE BAVARIAN REGIONAL OFFICE FOR HEALTH AND FOOD SAFETY, ERLANGEN

Unlike the old building, a five-storey, block-shaped structure with triple band access, the three-storey laboratory buildings are formed in atrium style, and the fourth new structure, the management and administration office, as a round pavilion at the entrance to the complex. The old building forms an unobtrusive part of the group of structures, which are arranged around a green central area. All the buildings open to the surrounding forest with ceiling-high glazed façades. A glass connecting wall links all the buildings together. The spaces are characterized by openness and transparency. The laboratories lie on the outer sides, the offices and side rooms face the atria. High-quality materials – oak, steel, stainless steel, expanded metal and linoleum – in authentic natural colours create an atmosphere of solidity which contrasts with the lightness and transparency of the glass levels which reflect the overlapping borders between interior and exterior. The artistic light installations of Reiner Bergmann strengthen these effects at twilight and in the evening.

STAATLICHE BERUFSSCHULE, NEUSTADT/AISCH
STATE VOCATIONAL SCHOOL, NEUSTADT/AISCH

Schon in den 1960er Jahren war die aus zwei versetzt, aber parallel stehenden traditionalistischen Satteldachgebäuden der seit den 1950er Jahren bestehenden Schule erweitert worden. Damals baute man einen Längs- und einen Querflügel an. Wulf & Partner entschlossen sich, bei der neuerlichen Erweiterung zwei unabhängige Flügel parallel vor und hinter die Anlage zu setzen. Der sanierte und mit einem modernen Innenleben ausgestattete Altbau dient als zentrales Hauptgebäude mit Pausenhalle. Die neuen Bauteile mit den Klassenräumen und Bauhallen für Rohbauberufe im Obergeschoss setzen sich durch eine moderne Formensprache ab. Die rohen Materialien, Sichtbeton und Faserzementplatten, sind ungeschönt eingesetzt und stellen den Bezug zu den Lehrinhalten der Berufsschule dar.

This school, dating from the 1950s and consisting of two traditional buildings with saddleback roofs, in staggered formation but parallel, had been extended as early as the 1960s by the addition of a longitudinal and a diagonal wing. Wulf & Partner decided that the new extension should consist of two parallel independent wings in front of and behind the complex. The old building, renovated and with a modern interior, now serves as the central main building, with a break hall. The new structures with classrooms and building halls for carcass building work on the upper floor are distinguished by a modern language of forms. The raw materials, exposed concrete and fibre cement panels, are installed undisguised, illustrating their relationship with the vocational school's teaching content.

THEODOR-HEUSS-REALSCHULE, LEVERKUSEN-OPLADEN
THEODOR HEUSS SECONDARY SCHOOL, LEVERKUSEN-OPLADEN

Die Baukörper der Schule fügen sich im Grundriss zu einer Sichelform, die am „Griff" eine bereits bestehende Sporthalle einbindet, während die „Schneide" den Pausenhof umfasst. Der lang gestreckte Baukörper scheint sich in dünnen horizontalen Schichten aufzulösen, da die zurückgesetzten dunklen Scheiben und Wandfelder hinter die vorkragenden weißen Deckenplatten zurücktreten. Nur die dünnen weißen Stützen sind präsent und tragen zum für einen Schulbau ungewöhnlich eleganten Erscheinungsbild bei. Wie meist bei Wulf & Partner sind die Raumfluchten und Gebäudetrakte schiefwinklig arrangiert, so dass sich dazwischen abwechslungsreiche Räume, Flure und eine Halle ergeben. Gestalterisch wird die schon außen gepflegte Eleganz fortgesetzt. Durch stärkere Hell-Dunkel-Kontraste und sparsam eingesetzte gedeckte Farben entsteht eine sonst bei den Architekten nicht zu beobachtende ernste Atmosphäre. Doch auch hier verraten Details wie die pultförmigen Brüstungsgeländer die Sorgfalt, mit der die Aufgabe in Angriff genommen wurde.

On the ground plan, the main areas of the school building form a sickle shape, whose 'handle' includes an existing sports hall, while the 'blade' encompasses the school yard. The extensive main building seems to break up into thin horizontal layers, since the set-back dark panes and wall areas retreat behind the protruding white ceiling slabs. Only the thin white supports announce their presence and contribute an elegant appearance that is unusual for a school building. As usual with Wulf & Partner, the suites of rooms and wings of the building are arranged at oblique angles, resulting in variations in rooms, corridors and a hall. The elegance already seen on the exterior is creatively continued. By means of stronger contrasts of light and dark, and sparsely used muted colours, the architects have created a serious atmosphere not otherwise to be seen in their work. But here too, details such as the desk-like balustrade reveal the care with which have they approached their task.

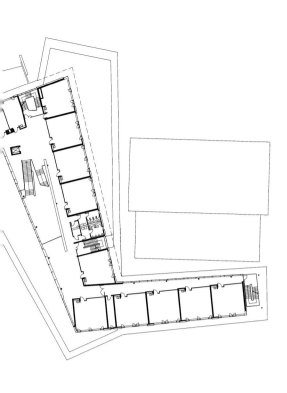

Wie Modelle auf einer weißen Grundplatte stehen die Baukörper der Schule auf künstlichen „Inseln" in den Feldern südlich des Ortsrandes. Für die Realschule wählten die Architekten eine zunächst willkürlich erscheinende S-förmige Großform, die sich jedoch fast spielerisch mit den Nutzungsanforderungen zur Deckung bringen ließ. Die Fachklassen im Erdgeschoss und die Klassenräume im Obergeschoss bilden durch die S-Form zwei Innenhöfe, Eingangshof der eine, Pausenhof der andere, und bergen in den Beugen zweigeschossige Räume mit Sonderfunktionen, das Forum einerseits, welches dem Pausenhof zugeordnet ist, und eine Bibliothek andererseits. Das Forum ist multifunktional ausgelegt. Es ist Eingangshalle, Aula, Erschließungszone für die angrenzenden Fachklassen und Pausenhalle. Es bietet eine Bühne zur Bespielung und nutzt die oberen Erschließungsgänge bei Veranstaltungen als Galerie. Zur Erweiterung kann die Wand zum Musikraum auf sechs Metern Breite geöffnet werden.

Dem ausgeklügelten Funktionsschema entspricht die äußere Gestaltung des Gebäudes, bei dem die einzelnen Aufgaben deutlich zu unterscheiden sind. Großflächig verglast beziehungsweise dunkel abgesetzt das Erdgeschoss mit den Fachklassen, wohnliche Atmo-

Like models on a white base plate, the school buildings stand on artificial 'islands' in the fields south of the town outskirts. For this secondary school, the architects chose an S-shaped complex, which at first appeared arbitrary, but could almost effortlessly be brought into line with the requirements for its use. The specialist classes on the ground floor and the classrooms on the upper floor, by means of the S-shape, form two inner courtyards, one an entrance area, the other a recreational area, and in their bends accommodate two-storey spaces with special functions, on one side the forum, which is assigned to the recreational area, and on the other side a library. The forum is designed to be multi-functional. It is an entrance hall, assembly hall, and access area for the adjoining specialist classes and recreation hall. It offers a stage for performances and uses the upper access areas as a gallery for viewing presentations. An extension of six metres in width is provided by opening the wall to the music room.

The ingenious functional scheme is matched by the outer design of the building, where the individual tasks can clearly be distinguished. The ground floor with the specialist classes is extensively glazed with partial dark contrasting areas, while the upper floor of

KONRAD-ADENAUER-REALSCHULE UND SPORT-HALLE, HAMM-RHYNERN
KONRAD ADENAUER SECONDARY SCHOOL AND SPORTS HALL, HAMM-RHYNERN

sphäre ausstrahlend das mit Zedernholz verkleidete Obergeschoss der Klassenräume, gänzlich offen und einladend das Forum mit seiner gläsernen Fassade und dem leichten, darüber schwebenden Dach. Eine verständlich sprechende Architektur, die gleichwohl nicht geschwätzig wirkt, sondern mit einer gewissen Eleganz für eine Realschule fast ein wenig zu seriös wirkt.

Kaum weniger distinguiert und wie ein Artefakt gesellt sich die Dreifachsporthalle zur Schule. Durch ihre ähnliche horizontale Gliederung in ein teils verglastes, teils dunkel verputztes Erdgeschoss mit Foyer und Umkleideräumen und den aufgesetzten, strahlend weiß schimmernden und ungegliederten Hallenkörper ergibt sich eine Entsprechung zur Schule und eine Ensemblewirkung. Im Inneren wird das Bild vom Sport auf grüner Wiese unter blauem Himmel assoziiert, denn Boden und Prallwände sind in einem hellen Grünton gehalten, während die durchscheinende Polycarbonfassade des Hallenkörpers den Raum in ein bläuliches Licht taucht. Ziel der Architekten war, trotz extrem reduziertem Budget durch einen gestalterisch konzeptionellen Ansatz eine eindeutige Aussage zu treffen und diese durch konzeptionell sauberes konstruktives Denken in möglichst reiner Form umzusetzen.

classrooms, with its cedarwood cladding, radiates a homey atmosphere, and the forum is open and inviting with its glass façade and the airy roof floating above it. An architecture that speaks a familiar language, but does not appear talkative, but with a certain elegance rather seems almost too serious for a secondary school.

Hardly less distinguished, and like an artefact, the triple sports hall forms a companion piece to the school. Its similarly horizontal structure of a ground floor partly glazed, partly decorated in dark colours, with foyer and changing rooms, and the superimposed, unstructured hall areas, shimmering in brilliant white, result in a correspondence with the school and an ensemble effect. In the interior, the association with sport taking place on a green meadow with blue sky is conveyed by the light green of the floor and impact surface walls, and the bluish light which bathes the translucent polycarbonate façade of the hall structure. The architects' aim, despite an extremely restricted budget, was to make an unambiguous statement by means of an initial creative concept, and to realize this in as pure a form as possible by conceptually clear constructive thinking.

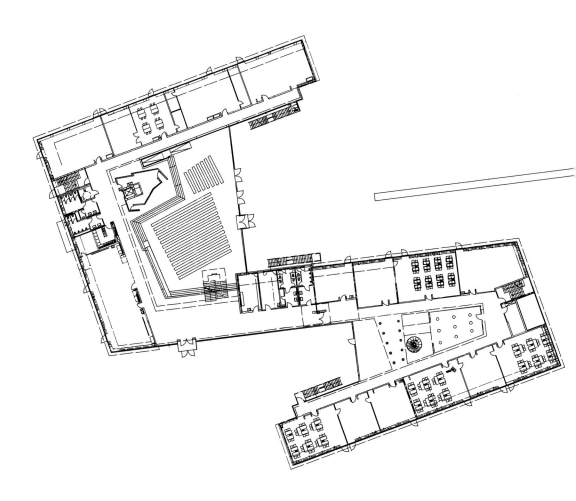

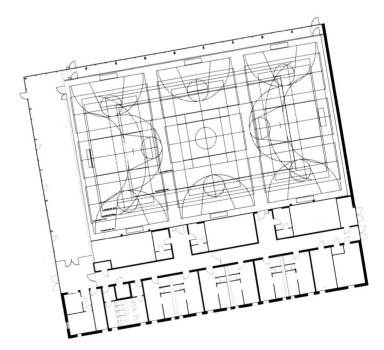

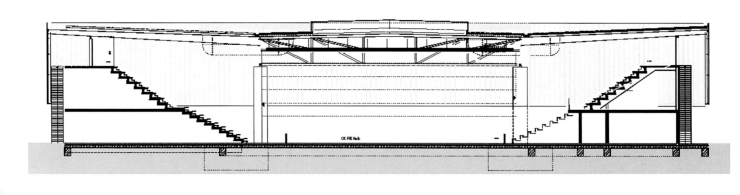

KATHOLISCHES FREIES GYMNASIUM ST. MEINRAD, ROTTENBURG/NECKAR
CATHOLIC FREE GRAMMAR SCHOOL OF ST MEINRAD, ROTTENBURG/NECKAR

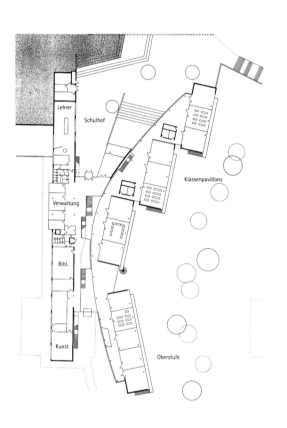

Der Marchtaler Plan ist der verbindliche Erziehungs- und Bildungsplan für die Katholischen Freien Grund- und Hauptschulen in der Diözese Rottenburg-Stuttgart und diente den Architekten als Anregung für die räumliche Organisation der Schule. Dem Langhaus mit den Fachklassen stehen vier Pavillons mit jeweils drei bis vier Klassenräumen gegenüber. Dazwischen entfaltet sich eine geschwungene, innere Straße, an der sich die Aula und der Vorbereich der Klassen anlagern, der Platz für die im Marchtaler Plan formulierte „Freie Stillarbeit" und Raum für Pausenaktivitäten und die Aula. Zur Gestaltung der Halle wurde mit der metaphorischen Umsetzung eines Regenbogens ein Farbkonzept entwickelt, das die lasierten Betonwände ihrer Materialität enthebt und sie im Kontrast zu den Naturfarben von Parkett- und Kunststeinböden künstlich wirken lässt.

In der Folge wurden die Architekten mit dem Bau eines städtischen Gymnasiums etwas kleineren Zuschnitts beauftragt, das in unmittelbarer Nachbarschaft errichtet wurde und zum Teil gestalterische und konzeptionelle Elemente des katholischen Gymnasiums übernimmt.

The Marchtaler Plan is the obligatory plan for education and culture for the Catholic Free Primary and Secondary Schools in the diocese of Rottenburg-Stuttgart and served the architects as a stimulus for the spatial organization of the school. The long building with specialist classes is faced by four pavilions each with three or four classrooms. Between them there unfolds a curved inner road, along which are placed the assembly hall and the classroom zone, the area for 'free quiet study' formulated in the Marchtaler Plan, and room for break-time activities and assembly hall. For the design of the hall, a colour concept was developed with the metaphorical realization of a rainbow, which relieves the materiality of the varnished concrete walls and makes them appear artificial in contrast to the natural colours of the parquet and artificial stone floors.

Later the architects were entrusted with the building of a city grammar school on a somewhat smaller scale, which was erected in the close vicinity and partly takes up the creative and conceptual elements of the Catholic school.

SPORTHALLE AM SCHÄLE, AALEN
SPORTS HALL BY THE SCHÄLE, AALEN

Die Landschaft ist der Star, nach diesem Credo ist die Dreifachsporthalle entworfen. Einseitig in den Berg eingebunden, öffnet sich das Innere aus der bergenden Umfangung durch eine raumhohe, um die Ecken reichende gläserne Wand und macht so das grüne Panorama der umgebenden Natur zum Thema des Hauses. Über allem schwebt ein flacher, eleganter, tragflächengleicher Dachkörper, der sich mit erstaunlicher Grazie bemüht, dem Glaskörper seine Last zu ersparen.

Die in den Hang gelegte Freitreppe führt auf die erste Ebene, wo die Umkleideräume an der bergseitigen Rückwand der Halle liegen. Deren Erschließungsgang kann gleichzeitig als Tribüne dienen. Strahlendes Zenitlicht ergießt sich über die rückwärtige Treppe und wiegt den Nachteil der Lage wieder auf. Der Blick in die Halle ist geprägt von der Präzision und Disziplin der Konstruktionsglieder an Decke und Glaswand. Als Stimmungsausgleich wirkt der intensiv grün gefärbte Boden, dessen Reflexionslicht das gesamte Innere in ein farbiges Licht taucht.

The landscape is the star – this is the credo according to which this triple sports centre has been designed. Embedded on one side into the mountain, the interior opens out of its sheltering surroundings by means of a room-high glass wall which extends around the corners and so makes the green panorama of surrounding nature into the theme of the house. Above it all there floats a flat, elegant wing-like roof structure, which is concerned, with astonishing grace, with relieving the glass structure of its burden.

The flight of steps built into the mountainside leads to the first level, where the changing rooms are situated against the back wall of the hall, on the side of the mountain. Its access passageway at the same time serves as a grandstand. Radiant zenith light pours over the back steps and counterbalances the disadvantages of the location. The view into the hall is marked by the precision and discipline of the structural elements of the ceiling and glass wall. The floor, coloured an intense green, serves to balance the mood, its reflected light bathing the whole interior in colourful light.

ALTENZENTRUM, MÖSSINGEN
OLD PEOPLE'S CENTRE, MÖSSINGEN

Mitten in ihrem angestammten Ort lebend, können die Senioren hier auf ein umfassendes Pflege- und Hilfeangebot zurückgreifen. Tagespflege, Kurzzeitpflege, betreutes Wohnen, Pflegestation, insgesamt 96 Plätze sowie Rehabilitationseinrichtungen stehen in einem Haus zur Verfügung und können übergangslos in Anspruch genommen werden. Öffentliche Einrichtungen wie Veranstaltungssaal und Cafeteria ergänzen das Angebot. Die Architektur stellt wohnliche, individuelle Zimmer sowie abwechslungsreiche Plätze und Orte zum Treffen und zur Programmgestaltung zur Verfügung. Den Mittelpunkt bildet ein großes Atrium, zu dem alle Wege führen. Es ist gleichzeitig Orientierungspunkt, Treffpunkt, Aufenthaltsbereich, Wintergarten und spielt in der Lebenswelt der Senioren eine zentrale Rolle.

Living in the centre of their familiar surroundings, the senior citizens are here able to make use of a comprehensive care and help service. Day care, short-term care, assisted living, care centres, a total of 96 units as well as rehabilitation facilities are available in one building and can be used without any transition. A public function room and cafeteria complete the facilities on offer. The architecture provides liveable individual rooms as well as a variety of meeting places and areas for programme planning. The central point is formed by a large atrium to which all paths lead. It is simultaneously an orientation point, a meeting point, a leisure area and a winter garden, and plays a central role in the life of the senior citizens.

ALTENZENTRUM, HERBRECHTINGEN
OLD PEOPLE'S CENTRE, HERBRECHTINGEN

Das Pflegeheim liegt zwischen dem alten Ortskern und dem Land-schaftsraum des Flüsschens Brenz. Für die Architekten stellte sich die Aufgabe, die Baumasse zu gliedern, um sie in die kleinteilige Bebauung einzubinden. Eine örtliche Fußwegverbindung führt mit-ten durch die zentrale Halle zu einem Steg über die Brenz. Die Hal-le mit einem öffentlichen Café dient als Treffpunkt für Bewohner und Besucher. Allgemeine Funktionen wie Sozialstation, Veranstal-tungsbereich, Werk- und Spielräume sowie Küche und Verwaltung sind im Erdgeschoss untergebracht, während die 72 Pflegeplätze in den beiden Obergeschossen liegen.

This nursing home lies between the old town centre and the land-scape surrounding the little Brenz river. The architects were faced with the task of structuring the building in order to link it into the detailed development. A local footpath link leads straight through the central hall to a footbridge over the Brenz. The hall with its pub-lic café serves as a meeting point for residents and visitors. General functions such as a welfare centre, events area, work and leisure areas as well as kitchen and administration are accommodated on the ground floor, while the 72 care facilities are situated on the two upper floors.

HAUS VOHL, STUTTGART
THE VOHL HOUSE, STUTTGART

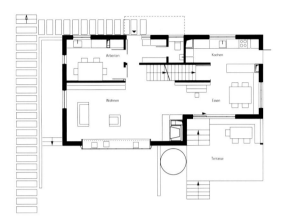

Das Haus steht auf einem Grundstück in der zweiten Reihe ohne eigene Straßenfront, allseits umgeben vom Grün der umliegenden Gärten. Die durchweg architektonisch anspruchslosen Nachbarhäuser mit flach geneigten Dächern, konnten weder typologisch noch in Kubatur und Materialwahl eine Vorgabe liefern. Zum Leitbild wurde vielmehr der hölzerne stereometrische Körper als archetypisches Modell – vielleicht das Gartenhausthema, vielleicht Richard Neutra im Hinterkopf.

Grundform ist der quer zum Hang liegende, holzverkleidete Kubus mit einer dünnen, weißen, durch eine Fuge etwas abgesetzten Scheibe als Dachabschluss. Aus diesem Körper sind Freiräume ausgespart: eine zweigeschossige Rücknahme an der Ostecke als Terrasse vor dem Erdgeschoss, die sich eingeschossig vor dem Obergeschoss in einer Terrasse bis zur Westecke fortsetzt und zur Nord-West-Ecke in eine gedeckte Loggia übergeht. So legt sich eine Freiraumschicht innerhalb des gesetzten Rahmens um den Wohnbereich, wobei der Rahmen wörtlich zu nehmen ist, denn die Außenkanten des Kubus sind nach wie vor präsent, als Stützen an den Ecken und als Luftbalken an der Längsseite. Sie definieren und fassen den Außenraum und machen ihn zum Teil des Hauses. Der Fenstererker am Wohnraum fasst Festverglasung und Öffnungsflü-

The house stands on a site in the second row without street frontage of its own, surrounded on all sides by the greenery of the adjoining gardens. The houses in the neighbourhood, thoroughly unambitious buildings from an architectural point of view, could not provide a model, either typologically or in cubature and choice of materials. Rather, the overall concept was formed by the archetype of the wooden stereometric cube – with perhaps the garden house theme, perhaps Richard Neutra at the back of his mind.

The basic form is the wood-clad cube lying at an oblique angle to the south-eastern slope, with a thin white panel, somewhat displaced by a joint as a conclusion to the roof. From this cube, free spaces open out: a two-storey recess on the east corner, in front of the ground floor, which continues to the west corner on one storey in a terrace, and turns into a covered loggia towards the north-west corner. Thus a layer of free space is placed around the residential area within the existing frame, and here the word frame is to be taken literally, for the outer edges of the cube are in evidence, just as before, as supports at the corners and as open beams on the longitudinal side. They define and enclose the exterior space and make it part of the house. The bay window of the house combines fixed glazing and opening wings as a special form into a creative el-

gel zu einem gestalterischen Element als Sonderform zusammen. Die Gliederung der Zedernholzfassade lässt das ihr zugrunde liegende Holzständerwerk der Wandkonstruktion erahnen.

Im Inneren fungiert der Fenstererker als Sitznische und stellt wiederum eine durch den dunklen Rahmen der Nische definierte Zwischenraumschicht dar. Ausdrucksstarke Materialien, Räuchereiche bei Parkett und Treppe, Doussié-Parkett in den Schlafräumen, ein dunkelgrauer Schiefer in den Bädern sowie Rüsterholzeinbauteile und vulkanische Grauwacke für die Arbeitsplatten in der Küche erhöhen die Anmutungsqualität. So ergibt sich konsequent modern gedachte Architektur, die die Stringenz der hehren Vorbilder vermeidet und genügend Emotionalität und Charme mitbringt, um als Familienwohnstätte Akzeptanz zu finden.

ement. The structure of the cedarwood façade allows the detection of the wooden basis of the wall construction.

In the interior, the bay window acts as a seating niche, and again represents an intermediate space layer defined by the dark frame. Expressive materials, smoked oak for the parquet flooring and staircase, Doussie parquet in the bedrooms, a dark grey slate in the bathrooms and volcanic greywacke for the working surfaces in the kitchen, enhance the visual qualities. The result is a logically developed modern architecture which avoids the compelling nature of its sublime models and provides enough emotionality and charm to fulfil all demands made of a family home.

HAUS WU, STUTTGART
THE WU HOUSE, STUTTGART

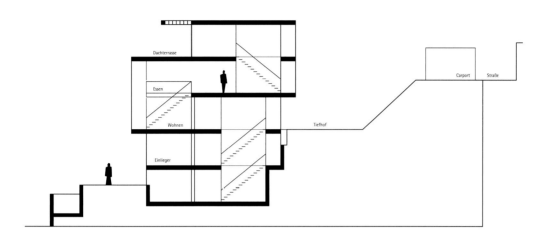

Wenn sich ein Architekt dazu entschließt, das eigene Haus zu bauen, muss ihm bewusst sein, dass er an diesem Haus gemessen werden wird. 2004, ein Jahr nach Alexander Vohl, hat auch Tobias Wulf dieses Zeugnis abgelegt und seine Architekturposition in Form eines Hauses für die Familie formuliert. Das Grundstück fand er in der Halbhöhenlage Stuttgarts, mit Blick über die Dächer der Innenstadt (eines dort unten ist das Dach des eigenen Büros in der Charlottenstraße), schmal, steil und schwierig zu handhaben, wie es typisch ist für den Rand des Stuttgarter Talkessels. Vor hundert Jahren wurde hier noch Wein angebaut. Die „Stäffele" zwischen den Weinbergterrassen führten die Falllinie hinauf. Auch die Treppen im Haus Wu folgen der Falllinie und scheinen an die Weinberge zu erinnern. Natürlich zelebriert das Haus die Treppen, die verschiedenen Niveaus, die Terrassen und die grandiose Aussicht. Der Wohnraum ist zweigeschossig bis um die Ecken verglast, die Stadt liegt buchstäblich zu Füßen. Bei schlechtem Wetter sitzt man auf dem „inneren Balkon"; bei gutem auf der Terrasse vor dem Studio im Dachgeschoss oder vor dem Haus am schmalen, lang gestreckten Pool.

When an architect decides to build his own house, he must be aware that he will be judged by this house. In 2004, a year after Alexander Vohl, Tobias Wulf too bore witness to this principle when he formulated his position as an architect in the form of a house for his family. He found his site on the slopes surrounding Stuttgart, with its view over the roofs of the inner city (one of which is the roof of his own office down in Charlottenstrasse), narrow, steep and difficult to negotiate, as is typical of the edge of Stuttgart's valley basin. A century ago, there were still vineyards here. The staggered steps between the vineyard terraces followed the fall line upwards. The staircases in the Wu house also follow the fall line and seem to recall the vineyards. Of course the house celebrates the staircases, the different levels, the terraces and the magnificent view. The two-storey living space is glazed right up to the corners; the city literally lies at one's feet. In bad weather one sits on the 'inner balcony'; when it is fine, on the terrace in front of the studio on the attic-top floor, or in front of the house by the long narrow pool.

Seclusion and openness are the two alternating themes of the house. Each level as a different character, from the sheltering par-

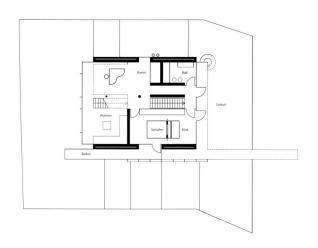

Geborgenheit und Offenheit sind die wechselnden Themen des Hauses. Jede Ebene hat einen anderen Charakter, vom bergenden Rückzugsraum im Hanggeschoss bis zum Panoramadeck obenauf, von der Eingangssituation mit schwarzem Basaltboden bis zum Dachstudio mit dem hellgrauen Epoxydharzboden.

Der moderne Ansatz: maximale Transparenz, fließender Raum über mehrere Geschosse, direkte, taktil-sinnliche Materialwirkung von Sichtbeton, leichter Stahlkonstruktion und Holz in den Innenräumen. Der künstlerische Ansatz: Spiel der verschränkten, ineinander gesteckten oder auseinander herauswachsenden Kuben, Betonkubus, Holzkubus, Glaskubus, Abstraktion der architektonischen Elemente, dazu der Zusammenklang mit der künstlerischen Aussage „Licht kreuzt Farbe" einer Lichtwand von Christian Wichmann, die im Inneren die Geschosse verbindet. Der ökologische Ansatz: Sonnenfalle nach Süden durch die Glasfassade, geschlossene Wände nach Norden durch die mit Zedernholz verkleideten Betonwände, wirkungsvolle Dämmung und Wärmerückgewinnung – das Privathaus als Manifest einer konsequenten, ganzheitlichen Architekturauffassung.

lour on the cliffside storey to the panorama deck above, from the entrance area with its black basalt floor up to the lift studio with its floor of pale grey epoxy resin.

The modern approach: maximum transparency, space flowing through several storeys, the direct, tactilely sensuous material effect of exposed concrete, light steel construction and wood in the interior spaces. The artistic approach: play of the restricted cubes, tucked inside each other or growing out of each other, concrete cube, wooden cube, glass cube, abstraction of architectural elements, and in addition harmony with the artistic statement, 'Light crosses colour', of Christian Wichmann's wall of light, which links the inner storeys to each other. The ecological approach: sun trap to the south through the glass façade, closed walls to the north with the cedarwood-clad concrete walls, effective insulation and heat reclamation – the private house as manifesto of a logical, integrated architectural concept.

FIRMA WESTERMANN, DENKENDORF
WESTERMANN COMPANY, DENKENDORF

Wie ein unscheinbarer Handwerksbetrieb aus den 1960er Jahren bei laufendem Betrieb um ein Konstruktionsbüro zu erweitern ist, haben die Architekten in Denkendorf vorgeführt. Sie legten kurzerhand einen Bügel über die Alltagsarchitektur des bestehenden Garagen- und Werkstattgebäudes und stockten das Gebäude durch eine unabhängige Tragstruktur auf. Die neue Fassade umfängt auch das bestehende Erdgeschoss samt Zugangsrampe und fasst das Gebäude zu einer gestalterischen Einheit zusammen. Typologisch klare Verhältnisse entstehen durch das an drei Seiten voll verglaste Bürogeschoss und das durch seine Rolltore charakterisierte Werkstattgeschoss. Mit geringem Aufwand und wenigen Mitteln entstand ein angemessener, selbstbewusster Bau, der seine Zweckbestimmung deutlich zum Ausdruck bringt.

In Denkendorf, the architects demonstrated how a nondescript workshop of the 1960s could be extended into a construction firm while business continued as usual. Without further ado they built a framework over the existing garage and workshop building and added a new storey by means of an independent supporting structure. The new façade also encloses the existing ground floor together with its access ramp and brings the whole building together as a creative unit. Typologically clear relationships result from the office storey, with three totally glazed walls, and the workshop storey characterized by its roller shutters. At a low cost, and with modest resources, the architects created an appropriate, self-confident building which clearly expresses its purpose.

METRO STYLEBOOK
METRO STYLEBOOK

Die METRO-Fachmärkte, jene Einkaufszentren, bei denen verschiedene Handelshäuser des METRO-Konzerns um eine gemeinsame Parkierungsanlage räumlich zusammengeschlossen sind, haben sich in den vergangenen Jahren architektonisch weitgehend planlos entwickelt. Das METRO Stylebook soll nun Möglichkeiten eröffnen, das Erscheinungsbild dieser Märkte zu ordnen, zu harmonisieren und auf eine qualitativ höhere Ebene zu bringen. Es geht um eine integrierende Gestaltung der Gebäude und der Freiflächen, mit dem Stoppschild freilich vor der Ladentür: Dahinter beginnt nach wie vor der uneingeschränkte Herrschaftsbereich der Verkaufsstrategen von Real und Media Markt, Praktiker und Adler, die eigene Vorstellungen vom erfolgreichen Auftritt ihrer Handelshäuser haben. Immerhin soll dem Wildwuchs der Werbeanlagen am Außen-

Fassadenband - Lichtkonzept
- Lichtbespielung Band
- Stärkung und Integration des Gesamtkonzepts
- Unterstützung des Leitsystems: von der Eingangsfassade bis
  in den Innenraum
- auf das Band projizierte Wechselwerbung
  (punktuell, vollflächig oder bewegt)
- temporäre Themenwerbung (z.B. WM, Weihnachten)

The METRO specialist retail shops, those shopping centres in which various trading houses in the METRO group are spatially linked together around a common parking area, have evolved architecturally over the past years in a largely unplanned manner. The METRO stylebook now offers opportunities to bring order to the appearance of these markets, to harmonize them and bring them to a qualitatively higher level. It is a question of an integrative design of the building and the open spaces, but with the stop sign in front of the shop door. Behind it, as before, there begins the unrestricted realm of the retail strategists Real and Media Markt, Praktiker and Adler, who have their own ideas about the successful presentation of their outlets. At any rate, the proliferation of advertising structures

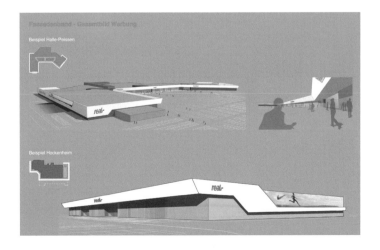

Caddyboxen
- themenorientiertes Leitsystem der Stellplätze
- Raumbildung
- Querung der Stellplätze in diesem Bereich

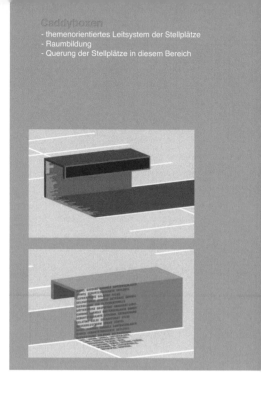

bau Einhalt geboten werden. Wo und in welcher Größe die Labels angebracht werden, legt nun das Stylebook fest, nicht der Filialleiter. Gleiches gilt für Plakataktionen und Verkaufsstände im transitorischen Bereich zwischen Parkplatz und Foyerzone. Wie Parkplätze angelegt werden, wie die sich bislang durch parkende Karossen schlängelnden Besucher künftig zum Eingang geführt werden, wo die Einkaufswagen vorgefunden und wieder abgestellt werden, all dies regelt das Stylebook, mit dem Ziel der Imageverbesserung, Orientierungserleichterung und klareren Besucherführung.

Vorzone   Windfang   Mall

Eingangsfassade   Innenfassade

Innere Tür Windfang

on the outside of the building will be curbed. Where and in what size the labels are to be affixed is now laid down by the stylebook, not by the branch managers. The same goes for poster campaigns and stalls in the transitional area between the car park and the foyer area. How car parks are laid out, how the visitors, who previously had to snake their way between parked vehicles, will in future be led to the entrance, where the shopping trolleys will be found and parked again, all this is laid down by the stylebook, with the aim of improving the image, facilitating orientation and guiding visitors more clearly.

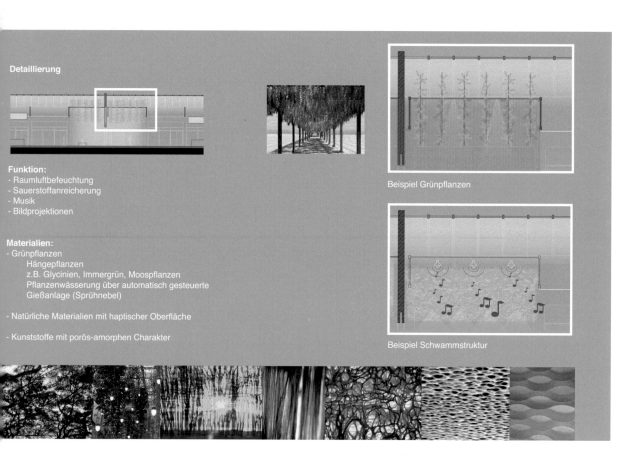

Detaillierung

Funktion:
- Raumluftbefeuchtung
- Sauerstoffanreicherung
- Musik
- Bildprojektionen

Materialien:
- Grünpflanzen
    Hängepflanzen
    z.B. Glycinien, Immergrün, Moospflanzen
    Pflanzenwässerung über automatisch gesteuerte
    Gießanlage (Sprühnebel)

- Natürliche Materialien mit haptischer Oberfläche

- Kunststoffe mit porös-amorphen Charakter

Beispiel Grünpflanzen

Beispiel Schwammstruktur

Maßgeblich ist dabei, wie welche Materialien eingesetzt werden und welche Formen, Farben und Zeichen wie und wo anzutreffen sind. Marmor und Messing können billig erscheinen, Sichtbeton und Stahl edel und gediegen, je nach Design und Behandlung. Diese Beziehungen berücksichtigt das Stylebook bei seinen Vorschlägen. Es steht für eine kontrollierte und sehr bewusst gesteuerte Erscheinung der Handelszentren, für eine wiedererkennbare Identität, für eine bessere Information der Besucher und enthält dafür eine ganze Gestaltungsmatrix. Das Stylebook ist primär Marketinginstrument, doch sekundär Handlungsanweisung zur Lösung einer bedeutenden architektonischen Problematik.

A decisive aspect here is what materials are to be used, and what forms, colours and signs are to be found, how and where. Marble and brass can look cheap, exposed concrete and steel can look noble and solid, according to design and treatment. These relationships are taken into account in the stylebook's proposals. It stands for a controlled and very consciously steered appearance of the shopping centres, for a recognizable identity, for better visitor information, and thus contains a complete matrix. The stylebook is primarily a marketing instrument, but secondarily a set of instructions for the solution of an important architectural challenge.

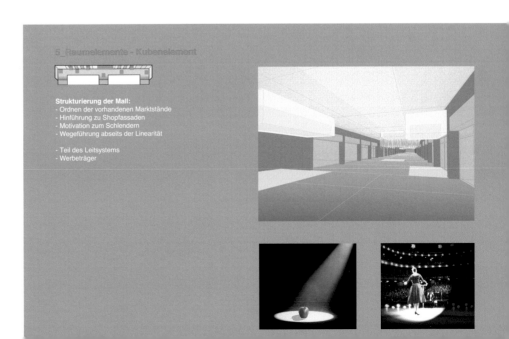

DIE ARCHITEKTEN
THE ARCHITECTS

Kai Bierich

Prof. Dipl.-Ing. (arch.), geboren 1957 in Hamburg, studierte an der TH Darmstadt und arbeitete bei Behnisch & Partner sowie seit 1992 bei Tobias Wulf, mit dem er 1996 in Partnerschaft trat.

Von 1989 bis 1996 hatte er einen Lehrauftrag für Entwerfen an der Universität Stuttgart, war von 1996 bis 1999 Dozent an der Staatlichen Akademie der Bildenden Künste in Stuttgart und ist seit 2006 Gastprofessor an der Universität Nankai, China.

Prof. Dipl.-Ing. (arch.), born in Hamburg in 1957, studied at the Technical University of Darmstadt and worked for Behnisch & Partner and, since 1992, for Tobias Wulf, with whom he entered into a partnership in 1996. From 1989 to 1996, he taught design at Stuttgart university. From 1996 to 1999, he was a lecturer at the Staatliche Akademie der Bildenden Künste (state academy of fine arts) in Stuttgart. Since 2006, he has been a visiting professor at Nankai University in China.

Tobias Wulf

Prof. Dipl.-Ing. (arch.), geboren 1956 in Frankfurt am Main, studierte an der Universität Stuttgart, arbeitete bei Auer und Weber (Stuttgart), Joachim Schürmann (Köln) und Gottfried Böhm (Köln) und gründete 1987 sein eigenes Büro in Stuttgart. Seit 1996 besteht die Partnerschaft Wulf & Partner.
Von 1987 bis 1991 hatte er einen Lehrauftrag für Entwerfen an der Universität Stuttgart, seit 1991 ist er Professor für Baukonstruktion und Entwerfen an der FHT Stuttgart.

Prof. Dipl.-Ing. (arch.), born in Frankfurt am Main in 1956, studied at Stuttgart university, worked for Auer und Weber (Stuttgart), Joachim Schürmann (Cologne) and Gottfried Böhm (Cologne). In 1987 he established his own office in Stuttgart. The partnership, Wulf & Partner, has existed since 1996. From 1987 to 1991, he taught design at Stuttgart university and, since 1991, he has been professor for building construction and design at Stuttgart technical college.

Alexander Vohl

Dipl.-Ing. (arch.), geboren 1961 in Stuttgart, studierte an der Freien Kunstschule Stuttgart, an der TH Darmstadt und an der Universität Stuttgart. Er arbeitete bei Behnisch & Partner und ab 1991 bei Tobias Wulf, mit dem er 1996 in Partnerschaft trat.
Er hat einen Lehrauftrag für Entwerfen an der Universität Stuttgart.

Dipl.-Ing. (arch.), born in Stuttgart in 1961, studied at the Freie Kunstschule (free school of art) Stuttgart, at the Technical University Darmstadt and at Stuttgart university. He worked for Behnisch & Partner and, from 1991, for Tobias Wulf, with whom he entered a partnership in 1996. He teaches design at Stuttgart university.

SIEBEN FRAGEN
SEVEN QUESTIONS

Falk Jaeger Von welchen Lehrern sind Sie in Ihrer Ausbildung geprägt worden?

Tobias Wulf Die wichtigsten Lehrer waren die Büros, in denen man gearbeitet hat. Fritz Auer und Carlo Weber haben mich geprägt, aber ich bin zu beiden auf Distanz geblieben. Es ist eine andere Art von Lernen als in der Universität, weil man in einem Prozess steht und auch weniger Distanz zur Realität da ist. Wenn ich sagen müsste, dieser oder jener Professor hat mich besonders beeinflusst, würde es mir schwer fallen. Ich habe zwar bei Hans Kammerer mehrere Entwürfe gemacht, aber ich habe immer etwas ganz Anderes entworfen, als er sich vorgestellt hat. Ich denke auch an Peter Faller, dessen Seminare mir viel gebracht haben.

Alexander Vohl Während des Grundstudiums in Darmstadt war es natürlich Günter Behnisch, der eine große Strahlkraft hatte und es verstand, uns mitzureißen und in Flammen zu setzen. Dann kam später in Stuttgart Walter Förderer dazu, der uns in eine andere Richtung beeinflusste. Er hat eher das Plastisch-Skulpturale in seiner Lehre hervorgehoben.

Kai Bierich In Darmstadt waren dies zu meiner Zeit „die drei B´s", Behnisch, Bächer und Belz, die uns sowohl im Studium als auch durch ihre Büros prägten. Baukonstruktion lernte man bei Belz, bei Behnisch offene Architekturen und „gläserne Demokratie" und bei Bächer waren es Material und Innenraumgestaltung. Daneben war man natürlich auch beeindruckt von Avantgardefiguren wie Zaha Hadid und Rem Koolhaas.

TW Alles, was damals in Frankfurt im Architekturmuseum ausgestellt war, die Postmodernisten, das hat man aufgenommen. Aber was ist in Fleisch und Blut übergegangen? Behnisch ist schon genannt worden. Ich war aber auch in Köln, bin von Joachim Schürmann sehr geprägt worden und dann von Gottfried Böhm, mit dem ich kurz, aber sehr eng zu tun hatte. Das war aber für mich der Punkt zu sagen, o.k., die machen für sich gesehen alles richtig, ich selbst würde aber vieles anders entscheiden. Und dann hört die fremde Prägung auf.

KB Wir sind ja in einer Zeit vielerlei Couleur groß geworden, wo an der Hochschule gleichzeitig postmodernes, dekonstruktivistisches wie auch konstruktives Entwerfen gelehrt wurde. Dieses heterogene Angebot haben dann auch viele wahrgenommen und sich sehr unterschiedlich entwickelt.

AV Man hat dadurch aus verschiedenen Richtungen einen architektonischen Impetus bekommen und wurde durch diesen Pluralismus veranlasst, Position zu beziehen.

TW Man kann feststellen, dass wir alle mit Meistern zu tun hatten, wir sind aber durch keine klassische Meisterschule gegangen, die häufig Epigonen hervorbringt. So etwas ist uns wesensfremd.

FJ Welcher Architekturströmung, welchem Stil würden Sie sich zurechnen?

TW Die Frage ist verhängnisvoll! Nehmen wir mal Architekten, die ganz oben stehen, nehmen wir mal Herzog und de Meuron, was machen die eigentlich? Ich denke nicht, dass man das als Stil bezeichnen kann, sondern die machen jedes Mal aus der Aufgabe etwas ganz Neues. Die Bauten ähneln sich nur in wenigen Punkten, zum Beispiel darin, dass die Oberfläche eine große Rolle spielt. Immer wieder eine neue, originäre Lösung zu finden und die dann bis ins Detail durchzusetzen, das ist es, was uns vorschwebt. Was ich gut finde, ist, dass Herzog und de Meuron mit Künstlern und Wissenschaftlern zusammenarbeiten. Das gibt es leider nur wenig im Alltagsgeschäft.

KB Im Englischen gibt es den *conceptionalism*, der von Vorgaben ausgeht, bei Greg Lynn oder Hadid zum Beispiel, da weiß man, was dabei rauskommt. Diese Art von formaler Festlegung haben wir nicht und wollen wir nicht. Unsere ist vielleicht eine konzeptionelle, süddeutsche Architektursprache, die sehr detailorientiert ist.

AV Aber wir gehen die Aufgaben integrativ an, sehr komplex und dabei konzeptionell sehr klar.

TW Das Formale steht jedenfalls nie so ganz im Vordergrund …

FJ … dann ist wohl das Factory-Outlet von Adidas ein Ausreißer?

AV Einspruch, kein Ausreißer! Die Baumassengliederung beim Factory-Outlet ist aus der städtebaulichen Situation, dem Masterplan und der Verkehrsplanung entstanden. Dann erfolgte die funktionale Überarbeitung, was die Verkehrserschließung und das Begehen betrifft. Daraus hat sich die starke Form ergeben.

Falk Jaeger Which teachers have influenced you in your training?

Tobias Wulf My most important teachers were the firms where I worked. Fritz Auer and Carlo Weber influenced me, but I remained distanced from both of them. It's a different kind of learning from university, because you are in a process and also there is less distance from reality. If I had to say that this or that professor particularly influenced me, it would be difficult. I did carry out several designs with Hans Kammerer, but my designs were always quite different from what he had in mind. I am also thinking of Peter Faller; I got a great deal out of his seminars.

Alexander Vohl During my basic course in Darmstadt it was of course Günter Behnisch, who had great charisma and understood how to sweep us along and set us on fire. Then later in Stuttgart Walter Förderer came along and influenced us in another direction. He brought out more of the sculptural aspect in his teaching.

Kai Bierich In Darmstadt, in my day, it was the 'three Bs', Behnisch, Bächer and Belz, who influenced us both in our studies and through their practices. Belz taught us building design, with Behnisch it was open architecture and 'the democracy of glass' and with Bächer it was materials and interior design. Then of course we were also influenced by avant-garde figures such as Zaha Hadid and Rem Koolhaas.

TW Everything that was exhibited in the architecture museum in Frankfurt at the time, the post-modernists, we took all that in. But what actually got under our skin? Behnisch has already been mentioned. But I was in Cologne too, I was very much influenced by Joachim Schürmann and then by Gottfried Böhm, with whom I was briefly but very closely involved. But that was the point for me to say OK, they seem to be doing everything right, but I myself would make a lot of different decisions. And then you stop being influenced by others.

KB After all we have grown up in a time of many different schools of thought, where at college we were taught postmodernist, deconstructionist and at the same time constructivist design, all at the same time. Many of us took on board this mixture of offerings and developed in very different ways.

AV Because of this, we achieved an architectural impetus from various movements, and this pluralism made us take up our own positions.

TW Clearly we all came into contact with masters, but we didn't go to some classical master class, which often brings forth imitators. That sort of thing is foreign to us.

FJ Which architectural movement, which style would you associate yourself with?

TW That question is ominous! Let's take architects who are right at the top, like Herzog and de Meuron, what are they actually doing? I don't think you can call that a style, but every time they make something different out of the job. The buildings are alike only in a few respects, for example the fact that the surface plays a great part. Always to find a new, original solution and then carry it through in detail, that is what we have in mind. What I like is the way that Herzog and de Meuron work together with artists and scientists. Unfortunately this doesn't happen very often in everyday business life.

FJ Welche Rolle spielt die Zeichenhaftigkeit, die Bildhaftigkeit für den Nutzer?

AV Zeichenhaftigkeit, Symbolhaftigkeit ist immer etwas verführerisch und hat vielleicht eine gewisse Attraktivität, aber die Gefahr ist, dass dieser Effekt oberflächlich wirkt und sich schnell erschöpft, wenn es nur bei dieser Zeichenhaftigkeit bleibt.

KB Beim semiotischen Gehalt eines Gebäudes muss man in verschiedenen Ebenen denken. Ich denke an Peter Zumthor, der über eine ganz subtile Materialisierung enorme Zeichenhaftigkeit abbilden kann. Und ich denke an andere Dinge, die wir voller Lust präsentieren, unsere Landesmesse zum Beispiel, bei der die Signifikanz durchaus ihre Berechtigung hat.

TW Zeichenhaftigkeit im Sinne von Monumentalität ist nicht unser Thema. Ein Zeichen kann auch etwas Kleines sein, ein Buchstabe zum Beispiel.

FJ Das hört sich so an, als ob Signifikanz etwas Negatives wäre, das man tunlichst vermeiden sollte?

AV Signifikanz ist das zunächst auf der ersten Ebene Wahrnehmbare. Wenn man das mit der Musik vergleichen wollte, hätte man die Primärrhythmik, zum Beispiel den Vierertakt.

Wenn es aber bei dem Vierertakt bleibt, erschöpft sich das sehr rasch, es bleibt flach. Wenn sich der Rhythmus aber verfeinert, wenn synkopiert wird, wenn sich Varianten bilden, wenn auf diese Weise andere Maßstäblichkeiten erschlossen werden, dann ist gegen Signifikanz nichts einzuwenden.

KB Die Signifikanz kann auch in einer reduktiven, franziskanischen Haltung liegen, wenn man Dinge macht, die in die Landschaft unauffällig implementiert sind und deshalb einen starken semiotischen Charakter haben. Es müssen keine Monumente sein, die den Starkult nach sich ziehen, und Formen und Symbole zum Besten zu geben, die es irgendwo schon gibt. Das ist nicht unsere Sache.

AV Signifikanz kann auch durchaus später, bei der Detailarbeit entstehen, beispielsweise, wenn man eine Fassade entwickelt, die dann aufgrund konstruktiver oder thermischer Aspekte eine ganz starke Wirkung auf der Wahrnehmungsebene hat, ohne dass man das in einer früheren Entwurfsphase angestrebt hätte.

FJ Orientieren Sie sich an der internationalen Architekturszene?

TW Das geht nicht. Entweder man wird Jünger von jemandem, der sich klassisch zurücknimmt, wie Chipperfield zum Beispiel oder mancher Schweizer, oder man gehört zu denen, die es toll finden, wenn Dynamik drin ist, aber das ist alles zu vordergründig. Ich mache mir keine Gedanken darüber.

KB Man beobachtet natürlich, wie neue Tendenzen Stararchitekten international etablieren, die dann reizvolle Aufgaben bekommen, die man auch ganz gerne mal bearbeiten würde. Aber wir haben keine Lust, unsere Haut zu Markte zu tragen. Wenn man beobachtet, was manche berühmte Architekten in China bauen, so kommt das aus wuchernden Büros mit 1000 Mitarbeitern, die nicht mehr handhabbar sind. Das hat nichts mehr mit ihren eigenen Konzeptionen und persönlicher Autorenschaft zu tun. Da sind wir vorsichtiger,

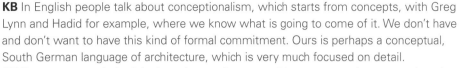

KB In English people talk about conceptionalism, which starts from concepts, with Greg Lynn and Hadid for example, where we know what is going to come of it. We don't have and don't want to have this kind of formal commitment. Ours is perhaps a conceptual, South German language of architecture, which is very much focused on detail.

AV But we approach the jobs in an integrative way, with a very complex approach and at the same time we are very clear about the concept.

TW Anyway the formal never quite stands completely in the foreground…

FJ … then the Adidas factory outlet is probably an anomaly?

AV Objection - not an anomaly! The structure of building materials grew out of the urban development situation, the master plan and traffic planning. Then there followed the functional revision as far as openness to traffic and accessibility are concerned. This was how the strong form originated.

FJ What role is played by symbolism and imagery for the user?

AV Symbolism is always rather seductive and perhaps has a certain attraction, but the danger is that this effect seems superficial and soon wears off, if the symbolism is all there is.

KB With the semiotic content of a building one must think on different levels. I am thinking of Peter Zumthor, who can portray enormous symbolism over a quite subtle materialization. And I am thinking of other things that we present with great pleasure, such as our regional fair, where the significance is totally justified.

TW Symbolism in the sense of monumentality is not our subject. A symbol can also be something small, like a letter of the alphabet for instance.

FJ That sounds as though significance is something negative, to be avoided at all costs?

AV Significance is what is immediately perceived on the first level. If you want to compare this with music, you have the primary rhythm, such as 4/4 time. But if it stays as 4/4 time, it soon becomes exhausted, it stays flat. But when the rhythm becomes refined, when there is syncopation, when variations form, when other criteria are opened up, then there is no objection to significance.

KB Significance can also lie in a reductive, Franciscan attitude, when one makes things that are unobtrusively implemented in the landscape, and thus have a strongly semiotic character. There should be no monuments that attract a star cult to themselves, and show off forms and symbols that exist somewhere else. That is not our concern.

AV Significance can certainly come into play later, during the more detailed work, for example when one develops a façade that then, because of constructional or thermal aspects, has quite a strong effect on the perception level, without this having been striven after in an early stage of planning.

FJ Do you orient yourselves on the international architectural scene?

TW That doesn't work. Either you become the disciple of someone who reverts to classicism, like Chipperfield for example or some of the Swiss, or you are among those people who think it's great when there is dynamism in it, but all that is too superficial. I don't worry about it.

KB Of course we observe how new tendencies establish star architects internationally, and they get attractive commissions, which one would quite like to be involved in. But we have no wish to risk our necks. When you watch what some famous architects are building in China, it's coming out of proliferating firms with 1,000 staff members, who are no longer easy to manage. This no longer has anything to do with their own concepts and personal authorship. We are more careful here, we would like to work in our own environment which we still rule, in which we have influence. On the other hand, when you look at the examples of Istanbul or Teheran, there is very little high-quality architecture there, that's where we might be needed …

AV Internationalization may be in store for us if we continually heighten the quality of our work, as we strive to do. But this also depends on the commissions. Building an out-

wir möchten in unserem Umfeld wirken, das wir noch beherrschen, in dem wir Einfluss haben. Andererseits, wenn man zum Beispiel nach Istanbul oder Teheran schaut, dort gibt es sehr wenig qualitätvolle Architektur, da würde man gebraucht …

AV Internationalisierung kann uns schon blühen, wenn wir die Qualität unserer Arbeit ständig steigern, wie wir das anstreben. Das hängt jedoch auch mit den Aufgaben zusammen. Der Bau einer hervorragenden Schule führt wahrscheinlich weniger zu internationalen Aufträgen als herausragende Handels- oder Museumsarchitektur. Wir sehen das mit Gelassenheit.

TW Ich muss gestehen, ich finde es ungeheuer anregend, die Szene zu beobachten. Mich regt das zum Nachdenken an, die Dinge nicht nur formal zu sehen, sondern auch kritisch zu bewerten. Durch diesen inneren Dialog ergeben sich wieder viele neue Anregungen.

FJ Was ist Qualität in der Architektur?

TW Zunächst einmal muss die Architektur den Zweck möglichst gut erfüllen, muss gebrauchstüchtig sein – eine Grundvoraussetzung, die eigentlich auch die internationalen Überflieger erfüllen müssten. Das Gebäude muss zeigen, was sein Wesen ist, es muss ein Beitrag sein zum kulturellen Kontext, in dem wir stehen. Der muss nicht nur für Kunsthistoriker ableitbar sein, sondern auch für jeden Nutzer.

KB Ein Gebäude muss gemocht werden wollen und gemocht werden können. Das hat damit zu tun, wie man das Gebäude erlebt, wie es räumlich gegliedert ist, auch mit der Materialität, die die Sinne anspricht. Architektur sehen wir als Brücke zwischen der Funktion und der Emotion.

AV Ich denke, dass eine dauerhafte positive Emotionalität letztlich auch die Richtigkeit der Konzeption vermittelt. Ganz wichtig ist dabei auch die Sorgfalt, die der Nutzer spürt und erlebt, auch oder gerade, wenn es ihm nicht bewusst wird.

TW Ein wichtiges Qualitätsmerkmal ist die durchgängige Sorgfalt der Bearbeitung, angefangen von der ersten Idee über das Raumkonzept, über den Entwurf, über die Materialität bis zum Detail.

FJ Wie kann man Qualität in die Realität umsetzen?

TW Es ist leider so, dass wir mit dem Büro eine Größe erreicht haben, wo man sich nicht mehr persönlich um jedes Detail kümmern kann. Wo man an Mitarbeiter delegieren muss, und da kann es schon den ersten Qualitätsverlust geben. Das hängt auch damit zusammen, dass wir viel mit jungen Kolle-

gen zusammenarbeiten, die noch nicht so viel Erfahrung haben. Die vergessen oft beim Durchkämpfen der Projekte in der Praxis, dass sie Architekten sind und keine Manager.

KB Von Gerkan hat mal gesagt, ein Großteil der Architektenarbeit besteht darin, die ursprüngliche Konzeption gegen die deformierenden Einflüsse über eine lange Zeit zu verteidigen.

AV Die Architektur ist die schwierigste aller Künste, weil sie es fast nur mit feindlichen Kräften zu tun hat. Ich denke, dass es wichtig ist, dass man als Partner im Büro auch ein inneres Engagement vorlebt, das zeigt, dass es durch Einsatz möglich ist, diese Kräfte im Sinn des Projektes zu lenken und niederzuhalten.

TW Das klingt jetzt vielleicht etwas zu kampfbetont. Es geht nicht um Feindschaft, um Hauen und Stechen, sondern es geht darum, das Konzept immer im Kopf zu haben und es in der Realisierungsphase geschmeidig und kreativ durchzusetzen.

FJ Wie ist das Büro organisiert?

TW Wir sind drei Partner, die unter sich die Betreuung der Projekte aufteilen. Dass jeweils nur ein Partner ein Objekt betreut, geschieht im Sinn der Arbeitsoptimierung, aber es sind unsere Projekte, jeder kann auf jedes Einfluss nehmen. Aber natürlich haben auch die Projektleiter sehr viel Einfluss.

AV Es ist sehr unterschiedlich, wie sich der einzelne Mitarbeiter einbringt. Und es hängt auch von der Komplexität der Aufgaben ab.

standing school probably doesn't lead to as many international commissions as outstanding business or museum architecture. We are quite relaxed about this.

TW I must admit that I find it enormously exciting to observe the scene. It stimulates me to think, not only to see things formally, but also to assess them critically. This inner dialogue again produces new stimuli.

FJ What is quality in architecture?

TW First of all, architecture must fulfil its purpose as well as possible, it must be efficient for its purpose – a basic precondition, which actually all the international high-flyers ought to fulfil. The building must show what its nature is, it must be a contribution to the cultural context in which we live. It should be accessible not only for art historians, but also for all users.

KB A building must be liked, and be able to be liked. This is to do with how one experiences the building, how it is spatially structured, and also with the materiality that speaks to the senses. We see architecture as a bridge between function and emotion.

AV I think that a durable positive emotionality ultimately also conveys the correctness of the concept. What is also quite important here is the care that the user senses and experiences, even or precisely when he is not aware of it.

TW An important indication of quality is the care taken throughout the process, beginning with the first idea about the concept of space, from the design, from the materiality down to the detail.

FJ How can one translate quality into reality?

TW Unfortunately, with this firm we have reached a size where we can't personally be involved in every detail. Where we have to delegate to colleagues, and this is where the

loss of quality can start. This is also to do with the fact that we are working with young and comparatively inexperienced colleagues. They often forget, when battling their way through projects in practice, that they are architects and not managers.

KB Von Gerkan once said that a large part of architects' work consists in defending their original concept against deforming influences over a long period.

AV Architecture is one of the most difficult of all arts, because it almost only deals with hostile forces. I think it's important, as a partner in a firm, to have an inner commitment, which shows that by getting involved it is possible to guide these forces in the terms of the project and keep them down.

TW This is maybe beginning to sound too confrontational. It isn't a question of hostility, of hitting and stabbing, but of always having the concept in one's head and translating it smoothly and creatively into the realization phase.

FJ How is the office organized?

TW We are three partners who divide up the responsibility for the projects between us. The fact that it is only one partner who takes care of each project is in the interests of optimization of work, but they are our projects, each of us can influence anything. But of course the project leaders also have a great deal of influence.

AV There is a lot of difference in the way the individual members of the firm contribute. And it also depends on the complexity of the jobs.

KB Die Partnerebene ist die Qualitätssicherungsebene. Wir sind aber nur Primus inter pares. Man darf den Projektleitern den Spaß nicht verderben und muss sie auch machen lassen. Sie ziehen sich oft bestimmte Themen auf den Tisch, engagieren sich zum Beispiel besonders für die Innenraumgestaltung oder für Materialfragen und dann lässt man sie eben gewähren, weil man ja nicht immer alles besser weiß.

AV Die Mitarbeiterführung ist ein täglicher Spagat, eine psychologische Gratwanderung.

TW Von Vorteil wäre, wenn wir auf Partnerebene noch mehr gemeinsam arbeiten könnten. Für mich ist das Zusammenwirken mit zunehmender Berufserfahrung immer wichtiger. Ich war anfangs eher Einzelkämpfer, doch ich habe die Erfahrung gemacht, je mehr man zusammenarbeitet, sich kreativ austauscht, egal mit wem, aber vor allem natürlich mit den Partnern, desto eher entstehen befruchtende Gedanken, desto besser kommt man weiter. Das kommt leider zu kurz.

KB Die Kommunikation könnte tatsächlich besser sein, doch dem steht der Faktor Zeit entgegen. Spaß machen muss es und jeder Partner hinterlässt seinen Fußabdruck bei seinen Projekten. Was unsere Entwürfe homogenisiert, sind eher die Mitarbeiter, die sich untereinander viel mehr austauschen.

AV Eine gute Gesprächskultur besteht zwischen den Partnern dann, wenn ein Entwurfsansatz nicht „demokratisiert", flach gebügelt wird, sondern wenn innovative Ideen diskutiert und geprüft werden und bestehen bleiben können, auch wenn sie für die Partner überraschend kamen.

FJ Gibt es ein Essential des Büros Wulf & Partner?

TW Wir machen Architektur nicht als Business!

KB The partner level is the level of quality assurance. But we are only primus inter pares. We do not want to spoil the project leaders' fun and we also want to let them get on with it. They often put particular topics on the table, for example they become particularly involved with interior design or questions of materials, and then we just let them do what they like, because we don't always know any better.

AV Working with colleagues is a daily balancing act, a psychological tightrope walk.

TW It would be an advantage if we could work together even more on the partner level. For me, working with others becomes more and more important as my career experience increases. At the start I was more of a lone wolf, but I have learnt with experience that the more one works with others, exchanging creative views, with anyone else, but above all of course with one's partners, the more rewarding ideas emerge, and the more effectively one goes forward. This unfortunately doesn't happen enough.

KB Communication could certainly be better, but the time factor is against that. It has got to be fun, and each partner leaves his footprint on his projects. What homogenizes our designs is, rather, our fellow-workers, who exchange views a great deal more among themselves.

AV A good climate of conversational exchange exists between the partners when a draft design is not 'democratized', ironed flat, but when innovative ideas are discussed and tried out and are allowed to exist, even when they come as a surprise to the partners.

FJ Is there an essential principle for the firm of Wulf & Partner?

TW We don't do architecture as a business!